Robert Harler

Stimmen aus der Notrufzentrale.

Stimmen aus der Notrufzentrale.

Von

Robert Harler

Bilder: Robert Harler

Impressum.

Bibliografische Information der Deutschen Nationalbibliothek: Die Deutsche Nationalbibliothek
verzeichnet diese Publikation in der Deutschen
Nationalbibliografie; detaillierte bibliografische
Daten sind im Internet über http://dnb.dnb.de
abrufbar.

Lektorat: Robert Harler
Korrektorat: Robert Harler

Verlag: BoD · Books on Demand GmbH,
Überseering 33, 22297 Hamburg,
bod@bod.de

Druck: Libri Plureos GmbH, Friedensallee 273,
22763 Hamburg

ISBN: 978-3-8391-3728-4

Inhaltsverzeichnis

Stimmen aus der Notrufzentrale.

Von Robert Harler.

In "Stimmen aus der Notrufzentrale" tauchen die Leser in die Welt eines medizinischen Mitarbeiters ein, der in einer Hausnotruf- und Ärztlichen-Notrufzentrale arbeitet. Der Leser begleitet den Protagonisten durch seinen stressigen Arbeitstag, in dem er Anrufe von Menschen entgegennimmt, die Hilfe in Notfällen oder medizinischen Situationen benötigen.

Der Verantwortliche in der Zentrale muss mit Ruhe und Präzision jeden Anruf entgegennehmen, die Lage einschätzen und den Notdienst oder die richtigen Mitarbeiter entsenden. Dabei wird er mit verschiedenen Emotionen und Situationen konfrontiert, von dramatischen Notfällen bis hin zu einfacheren Anfragen. Das Buch zeigt auch die physische und emotionale Belastung, die dieser Job mit sich bringt, sowie die kleinen Erfolge und Niederlagen, die Teil des Alltags eines Zentralisten sind.

"Stimmen aus der Notrufzentrale" bietet einen faszinierenden Einblick in die Arbeit in einer Notrufzentrale und im Einsatz und zeigt die wichtige Rolle, die Zentralisten bei der Koordination von Rettungsdiensten und medizinischer Hilfe spielen. Es ist eine Hommage an diejenigen, die im Hintergrund arbeiten, um anderen in Not zu helfen, und zeigt die Höhen und Tiefen dieses anspruchsvollen Berufs.

Sterbender in der Marktstraße.

Es war ein ruhiger Sonntag für den ärztlichen Notdienst. Der Disponent in der Zentrale war beunruhigt. Zum dritten Mal prüfte er, ob die Telefonleitungen funktionierten. Plötzlich rief der diensthabende Arzt an und fragte: „Was ist los? Schläft die Stadt? Es kann doch nicht sein, dass alle gesund sind!"

Der Zentrallist antwortete: „Nach dem nachmittäglichen Kaffee wird es losgehen." Dann redeten die besuchenden Kinder auf ihre alten Eltern ein und forderten sie auf, bei Unwohlsein oder Schmerzen den Notdienst zu rufen.

Gegen 16 Uhr meldete sich eine aufgeregte Frauenstimme: „Hilfe, mein Mann hat Schwindel. Er taumelte in der Wohnung. Meine Tochter und ich haben ihn aufgefangen, bevor er auf den Boden gefallen ist!"

Der Zentrallist notierte Name und Adresse und informierte den Arzt. Gemeinsam fuhren sie zu dem

Patienten, der mitten in der Stadt in einem vier-
stöckigen Haus mit 20 Wohneinheiten lebte. Mit
dem Aufzug gelangten sie in den vierten Stock. Die
Frau und ihre Tochter empfingen die beiden am
Aufzug: „Kommen Sie schnell, meinem Vater, meinem Mann geht es schlecht!"

Himmelsfalter.

Als sie den Flur und das Wohnzimmer betraten, fiel
ihr auf, dass der Wohnraum mit Möbeln von Ikea
ausgestattet war. Ein schmalbrüstiger, kleiner
Mann saß wie ein verängstigtes Kind am Rande der

Couch. Der Arzt begrüßte ihn, fühlte den Puls und maß den Blutdruck, der plötzlich auf null absackte. Rolf, der Zentrallist, rief sofort die 112 und forderte einen Notarzt sowie einen Rettungswagen an.

Mutter und Tochter gerieten in Panik und schrien: „Tun Sie was! Tun Sie was!" Sie fühlten sich schuldig, weil sie jahrelang ihrem Mann und Vater geraten hatten: „Eine Flasche Bier reicht am Abend, gehe öfter spazieren, treffe dich mehr mit deinen Freunden! Schau nicht so viel Fernsehen!" Als Rentner wusste er nicht, wie er seine Zeit nutzen sollte.

Durch abwechselnde Herzdruckmassage gelang es dem Arzt und dem Helfer, den Mann wiederzugeben-leben. Der Arzt sagte: „Es besteht eine große Chance, Ihren Mann am Leben zu halten." Nach zehn Minuten trafen der Notarzt und die Sanitäter mit dem Rettungswagen ein. Die Notfallsanitäter führten ein Elektrokardiogramm (EKG) des Patienten durch, um einen möglichen Herzinfarkt zu erkennen und dessen Schwere einzuschätzen.

Der Patient wurde auf einer Trage fixiert und ins Rettungswagen gebracht, wo die Sanitäter die erförderlichen medizinischen Maßnahmen ergriffen. Der Notarzt gab Anweisungen und beobachtete den Zustand des Patienten während des Transports.

Inzwischen beruhigte der Arzt vom ärztlichen Notdienst die aufgeregten Frauen und erklärte ihnen, dass sie alles richtiggemacht hatten, indem sie schnell reagiert und den medizinischen Notdienst kontaktiert hatten. „Ihr Mann ist in guten Händen. Vielleicht ist er in 14 Tagen wieder zuhause!"

Der Rettungswagen fuhr mit Blaulicht und Sirene zum nächstgelegenen Krankenhaus, um den Patienten in die Obhut der Spezialisten zu übergeben.

Im Krankenhaus angekommen, wurde der Erkrankte sofort in die Notaufnahme gebracht, wo ein Team von Ärzten und Pflegekräften auf ihn wartete. Anhand des EKG-Ergebnisses wurde der Schweregrad des Herzinfarkts ermittelt, und entsprechende Maßnahmen wie Medikamentengabe

oder eine Herzkatheter Untersuchung wurden eingeleitet.

Zechensiedlung in Gladbeck

Die Frau und die Tochter des Patienten wurden zu
Hause von einem Seelsorger betreut, den Rolf informiert hatte, um ihnen in dieser schweren Situation beizustehen und sie zu unterstützen. Sie
wurden darüber informiert, dass sie regelmäßig
über den Zustand ihres Mannes auf dem Laufen-
den gehalten werden.

In den folgenden Stunden und Tagen wurden weitere Untersuchungen und Behandlungen durchgeführt, um den Patienten zu stabilisieren und die bestmögliche Versorgung sicherzustellen. Die Ärzte und das medizinische Personal setzten alles daran, dass Leben des Patienten zu retten und ihn auf dem Weg zur Genesung zu begleiten.

Die aufgeregte Situation verdeutlichte, wie wichtig es ist, bei medizinischen Notfällen schnell zu handeln und den ärztlichen Notdienst zu kontaktieren. Eine zügige Reaktion und das Einleiten lebensrettender Maßnahmen können den Unterschied zwischen Leben und Tod ausmachen. Es ist notwendig, ruhig zu bleiben und den Anweisungen der medizinischen Fachkräfte zu folgen, um die bestmögliche Hilfe zu gewährleisten.

Schlaganfall.

Es ist ein herrlicher Frühlingstag. Nach einem langen, kalten und nasskalten Winter erwärmt die Sonne die Körper und Seelen der Menschen. Stundenlang herrscht Frieden auf Erden. Neid, Gier und Machtstreben scheinen eine Pause einzulegen.

Ein Notruf geht von einer älteren, nervösen Frau ein. Mit zittriger Stimme sagt sie: „Mein Mann liegt auf dem Boden. Er hat einen Schlaganfall.“

Der Zentrallist reagiert sofort und fragt nach ihrem Wohnort und Namen. Aufgrund ihrer Aufregung kann sie sich nicht erinnern. Der Angestellte erkennt die Dringlichkeit der Situation und versucht, ruhig zu bleiben, um die benötigten Informationen zu sammeln. Er informiert Rolf, der die Feuerwehr alarmiert und einen Rettungswagen sowie einen Notarzt anfordert.

Die Einsatzkräfte der Feuerwehr machen sich umgehend mit Blaulicht auf den Weg zu einer Siedlung am Stadtrand. Dort angekommen, betreten sie das bescheidene Wohnzimmer, in dem der

Schlaganfall stattgefunden hat. Der Notarzt und sein Team führen eine Anamnese durch, um wichtige Informationen über den Gesundheitszustand des Patienten zu gewinnen. Sie ergreifen alle notwendigen Maßnahmen, um dem Mann zu helfen, überwachen seine Vitalfunktionen, verabreichen Medikamente, leiten gegebenenfalls eine Reanimation ein und sorgen dafür, dass er stabilisiert wird.

1.   Der Notarzt untersucht den Zustand des Patienten und überprüft relevante Vitalfunktionen wie Herzfrequenz, Blutdruck und Atmung.

2.   Beurteilung des Schlaganfalls: Anhand der Symptome und der medizinischen Untersuchung kann der Notarzt einschätzen, ob es sich um einen Schlaganfall handelt. Er achtet auf typische Anzeichen wie plötzliche Taubheit, Schwäche oder Lähmung einer Körperseite, Sprach- und Verständnisstörungen sowie einseitige Sehstörungen.

3.   Sofortige Versorgung: Abhängig von der Beurteilung des Patienten kann der Notarzt Maßnahmen ergreifen, um den Schlaganfall zu behandeln.

Dazu gehören die Gabe von Medikamenten zur Blutverdünnung oder Blutdrucksenkung, um den Blutfluss zum Gehirn wiederherzustellen und weitere Komplikationen zu verhindern. Falls notwendig, kann der Notarzt auch eine Beatmung des Patienten mit Sauerstoff und einer Maske einleiten.

Nach der Erstversorgung ist der Notarzt dafür verantwortlich, den Patienten ins Krankenhaus zu bringen, damit dort spezifischere Diagnose- und Behandlungsmethoden durchgeführt werden können. Hierfür kommt ein Rettungswagen oder ein Rettungshubschrauber zum Einsatz.

Während der Fahrt ins Krankenhaus bemühen sich die Sanitäter, die aufgeregte Frau zu beruhigen. Der Notarzt überwacht den Zustand des Patienten während des Transports weiterhin und ergreift gegebenenfalls weitere Maßnahmen zur Stabilisierung.

Der Notarzt nimmt Kontakt mit dem Krankenhauspersonal auf, um Informationen über den Patienten zu übermitteln und die weitere Behandlung vorzubereiten. Im Krankenhaus wird der Patient in einem spezialisierten Schlaganfallzentrum weiter untersucht und behandelt.

Dort stehen Ärzte und Pflegepersonal bereit, um mithilfe bildgebender Verfahren wie einer Computertomografie (CT) oder einer Magnetresonanztomografie (MRT) den genauen Ursprung und das Ausmaß des Schlaganfalls festzustellen. Basierend auf den Ergebnissen werden weitere Behandlungsmaßnahmen eingeleitet.

Die Behandlung des Schlaganfalls umfasst in der Regel die Gabe von Medikamenten zur Auflösung von Blutgerinnseln, um den Blutfluss im Gehirn wiederherzustellen. In einigen Fällen kann eine Neurochirurgie erforderlich sein, um ein Blutgerinnsel zu entfernen oder eine blutungsbedingte Erkrankung zu behandeln.

Parallel dazu erhalten Patienten, die einen Schlaganfall erlitten haben, umfassende Rehabilitationsmaßnahmen, um die Wiederherstellung verlorener Funktionen zu unterstützen. Dazu gehören physiotherapeutische Übungen zur Verbesserung der Bewegungsfähigkeit und Kraft, Ergotherapie zur

Verbesserung der Koordination und Feinmotorik sowie logopädische Übungen zur Wiederherstellung der Sprachfähigkeiten.

Die medizinische Versorgung eines Patienten mit Schlaganfall erfordert ein umfassendes Team aus Notärzten, Krankenhauspersonal, Physiotherapeuten, Ergotherapeuten und Logopäden. Ihr Ziel ist es, den Patienten bestmöglich zu versorgen, mögliche Folgeschäden zu minimieren und ihn in seinem Genesungsprozess zu unterstützen.

Selbstmörder 1.

Eine 30-jährige Türkin ruft aufgeregt die Zentrale des ärztlichen Notdienstes an: „Hilfe, kommen Sie schnell, mein Vater will sich mit einem Gewehr umbringen!"

Der Zentrallist des ärztlichen Notdienstes und der diensthabende Arzt fahren sofort mit Blaulicht zu dem Lebensmüden, der am Stadtrand in einem achtstöckigen Hochhaus wohnt.

Die beschriebene Situation ist tragisch und stellt den ärztlichen Notdienst vor eine schwierige Entscheidung. Als sie den Notruf erhalten, sind sie unsicher, ob es sich um einen Ernstfall handelt oder die Person einfach nur Aufmerksamkeit erregen möchte. Angesichts der prekären Wohnsituation und früheren Einsätzen in der Gegend, die von vielen Problemfamilien geprägt ist, kommen Zweifel auf.

Nachdem sie die Wohnung erreicht haben, werden sie von der Tochter empfangen, die ihnen aufgeregt mitteilt, dass ihr Vater sich umbringen möchte, da seine Frau ihn verlassen hat. Als sie die Wohnung betreten, sehen sie den Vater am Tisch sitzen. Das Gewehr liegt direkt vor ihm.

Er schreit: „Wenn Sie näherkommen, schieße ich!"

Der Arzt versucht, ihn zu beruhigen, und mindert die Ernsthaftigkeit der Situation, indem er darauf hinweist: „Millionen von Männern verlieren ihre Frauen, und alle Probleme können gelöst werden!"

Durch geschicktes Zureden gelingt es dem Arzt, den Vater zu überzeugen, ihm die Waffe zu übergeben. Er bedankt sich und verabreicht ihm eine Beruhigungsspritze, die er vor der Abfahrt vorbereitet hatte.

Der Arzt glaubt, die Situation unter Kontrolle zu haben, und entscheidet, den Vater in die Psychiatrie einzuweisen. Der Vater fleht ihn wiederholt an, ihn nicht mitzunehmen und versichert, dass es nicht mehr vorkommen wird. Das Bitten und Flehen wiederholt sich eine halbe Stunde lang. Letztlich lässt sich der Arzt von den Schwüren des Vaters überzeugen und fährt, nach vielen Ermahnungen, zum nächsten Einsatz.

Später in der Nacht ruft die Tochter mit tränenerstickter Stimme an und teilt mit: „Mein Vater hat sich erschossen!"

Das Ende dieser Geschichte verdeutlicht die tragischen Konsequenzen der Entscheidung des Arztes. Er ist erschüttert und trifft die Entscheidung, nicht weiter für den ärztlichen Notdienst zu fahren. Der Vorfall veranschaulicht die schwierigen Situationen, mit denen Ärzte im Notdienst konfrontiert werden können. Sie müssen schnell Entscheidungen treffen und die Ernsthaftigkeit der Lage einschätzen.

In diesem Fall hatte der Arzt den Ernst der Situation nicht erkannt und wurde von den verzweifelten Worten des Vaters in die Irre geführt. Es ist eine traurige Geschichte, die die Schwierigkeiten und emotionalen Belastungen im Notdienst aufzeigt. Rolf wurde einen Tag später von der Polizei vernommen. Seine Aussagen wurden hinterfragt und protokolliert. Er war tieftraurig und fühlte sich schuldig.

Selbstmörder 2.

Ein Sohn, nach der Stimme etwa 16 Jahre alt, ruft in der ärztlichen Notdienstzentrale mit überschlagener Stimme an: „Kommen Sie schnell, mein Vater will sich erschießen." Der Zentrallist beruhigt ihn: „Bitte langsam, wie heißt dein Vater und wo wohnt er?" Nach dreimaligem Nachfragen gelingt es ihm, die nötigen Daten zu erfassen. Rolf verständigt den diensthabenden Arzt. Sie fahren mit Blaulicht zu dem Lebensmüden.

Der Sanitäter sagt zu dem neuen Arzt: „Erst letzte Woche hatten wir einen ähnlichen Fall. Ihr Kollege hat den Depressiven nicht einweisen lassen, weil er schwor, sein Leben nicht zu beenden. In der Nacht hat er sich erschossen."

Daraufhin zieht der Arzt eine starke Beruhigungsspritze auf: „Ich möchte lange leben und gehe kein Risiko ein."

Bei ihrer Ankunft treffen sie auf den aufgeregten Sohn, der ihnen mitteilt, dass sein Vater aus dem

Wohnzimmer schreit und sie bedroht, ihn abzu-
schießen, falls sie näherkommen. Der Sanitäter ist
erschrocken, als er den Mann mit einer Pistole in
der Hand sieht; seine Angst droht, ihn zu überwäl-
tigen.

Der Arzt betritt das Wohnzimmer, und der Lebensmüde richtet die Waffe auf ihn. Rolf spricht zu ihm:
„Tun Sie es nicht! Ihr Sohn wird bis zu seinem Le-
bensende von Ihrer Tat traumatisiert sein!"

Der Vater flucht und offenbart weinend seine ei-
gene Frustration im Leben. Schließlich legt er die
Waffe auf den Tisch, und der Sohn nimmt sie und
rennt nach draußen. Der Vater reagiert nicht. Der
Arzt nutzt die Gelegenheit, um ihm die Beruhigungsspritze zu verabreichen.

Als der Vater nachgibt, flucht er: „Nichts ist be-
schossener, als jeden Tag acht Stunden Autoreifen
zu wechseln." Der Arzt nickt verständnisvoll: „Ich
verstehe, dass Sie frustriert sind und das einfache
Leben als Automechaniker für Sie nicht erfüllend
ist. Aber glauben Sie mir, es gibt so viele andere
Wege, ein erfülltes Leben zu führen. Es wäre

schade, Ihre begrenzte Zeit hier auf Erden zu beenden."

Der Vater blickt ihn mit tränenden Augen an und fragt: „Was schlagen Sie vor?" Leicht lächelnd antwortet der Arzt: „Ich bin der richtige Ansprechpartner. Wir haben in der Nähe eine Beratungsstelle, die Menschen in schwierigen Lebenssituationen unterstützt. Dort finden Sie Experten, die Ihnen helfen können, neue Wege zu entdecken und Ihre persönlichen Ziele zu definieren."

Der Vater überlegt einen Moment: „Vielleicht sollte ich mir das tatsächlich einmal ansehen. Mein Sohn braucht mich, das habe ich verstanden."

Die Situation beruhigt sich allmählich, und das kleine Team beschließt, den Mann in die örtliche psychiatrische Klinik zu überweisen, wo er weiter betreut wird. Der Vater hört zu und nimmt sich vor, aus der Krise gestärkt hervorzugehen und die angebotene Unterstützung anzunehmen. Es ist ein weiter Weg, bis er sein Leben und seine Ziele neu ausrichten kann. Er wundert sich, dass es Menschen gibt, die bereit sind zu helfen und Verständnis zu zeigen. Diese Geschichte zeigt, dass rechtzeitiges Eingreifen und einfühlsame Gespräche Leben retten können. Sie erinnert uns daran, dass wir alle Verantwortung füreinander tragen und füreinander da sein sollten, wenn jemand in Not ist.

Rolf, der innerhalb eines Monats sowohl mit einem Gewehr als auch mit einer Pistole bedroht wurde, fragt sich im Nachhinein, wozu er sich trotz seiner höheren Ausbildung für einen Mindestlohn in Lebensgefahr begibt. Er braucht das Geld für die Miete, weil sich seine Bücher schlecht verkaufen.

Selbstmörderin.

Der Sanitäter Rolf hat Dienst in der Hausnotruf- und in der ärztlichen Notdienstzentrale, als eine junge, aufgebrachte, ängstliche Frau anruft: „Kommen Sie schnell, meine Schwester steht im vierten Stock auf dem Balkon und will sich hinunterstürzen!" Rolf fragt nach dem Namen und der Adresse. Er informiert den diensthabenden Arzt ausführlich: „Die Lebensmüde hatte eine Frühgeburt.

Der Junge sollte ihr Lebensinhalt werden, nachdem ihr Freund sie während der Schwangerschaft verlassen hatte. Sie arbeitet an der Kasse eines Discounters! Soll ich die Polizei und die Feuerwehr verständigen?"

Der Arzt sagt: „Sie ist nur hysterisch und wir können sie beruhigen. Holen Sie mich in der Zentrale ab." Da Rolf die Strecke kennt, stellt er das Navi nicht ein. Nach 15 Minuten erreichen sie das Haus. Die verzweifelte Frau steht auf dem Balkon und schreit hysterisch, als die beiden aussteigen: „Keinen Schritt näher und ich springe!"

Der Arzt nimmt ein Megafon aus dem Auto mit und ruft: „Ich verstehe Ihre Trauer über den Verlust Ihres Kindes. Jede zehnte Frau ist davon betroffen. Bei Fehlgeburten spielen Trauer, Schuldgefühle, Neid auf andere Frauen und persönliches Versagen eine Rolle. Es bleibt nicht dabei; schnell mischen sich Schuldgefühle und persönliches Scheitern ins Gedächtnis. Glauben Sie mir, der Schmerz hält nicht lange an. Die Herausforderungen des Lebens helfen Ihnen, darüber hinwegzukommen!"

Sie schreit von oben: „Ihre blöden Ratschläge können Sie sich sparen. Sie haben es leicht. Wenn Ihre Frau keine Kinder bekommt, wechseln Sie die bei Ihrem Gehalt doch einfach aus!"

Neugierige Menschen versammeln sich nach und nach. Ihr Bruder ruft wiederholt: „Julia, mach keinen Quatsch. Später kommt der Tod von alleine. Wir lieben dich!"

Mit der Schwester der Lebensmüden fahren der Doktor und Rolf mit dem Aufzug in den vierten Stock. Rolf fordert telefonisch die Polizei mit einem Psychologen, von der Feuerwehr einen Leiterwagen, einen Rettungswagen und einen Notarzt an.

Die Schwester öffnet vorsichtig die Tür. Wie ein Hund schleicht sich der Sanitäter zur Balkontür, die einen Spalt weit geöffnet ist. Als die Selbstmörderin vorbeikommt, reißt er die Tür auf, wirft sie zu Boden und setzt sich auf sie.

Die Schwester ruft nach unten: „Wir haben sie, wir haben sie. Damit sie uns nicht entkommt, brauchen wir drei starke Männer!" Der Arzt gibt der Lebensmüden eine Beruhigungsspritze.

Zuallererst treffen die Feuerwehrleute mit ihren Sanitätern, ihrem Einsatzleiter und ihren Fahrzeug-gen ein. Der Verantwortliche schimpft mit Rolf: „Mussten Sie den Helden spielen? Wir sind nicht in Hollywood!"

Nach weiteren zehn Minuten kommt die Polizei mit ihrem Psychiater. Sie übernimmt die weitere Absicherung der Frau, während der Sanitäter und der Notarzt sich um ihre physische Gesundheit kümmern. Sie überprüfen ihre Vitalfunktionen und stellen fest, dass sie keine körperlichen Verletzungen davongetragen hat.

Der Vollstreckungsbeamte vom Amtsgericht kümmert sich um die rechtlichen Aspekte des Vorfalls. Er setzt sich dafür ein, dass die Frau die notwendige Betreuung und Unterstützung erhält, damit sie ihr Vorhaben nicht wiederholt.

Nachdem die Situation unter Kontrolle gebracht wurde, wird die Frau in eine psychiatrische Klinik gebracht, wo sie die professionelle Hilfe und Unterstützung erhält, die sie braucht. Dort wird sie von einem Team aus Psychologen und Ärzten betreut, und es wird ein individueller Therapieplan für sie erstellt.

Der Vorfall wird gründlich dokumentiert, und die Informationen werden den beteiligten Stellen und den zuständigen Behörden zur weiteren Bearbeitung übergeben. Ziel ist es, die Frau langfristig zu unterstützen und ihr zu helfen, einen neuen Lebensweg zu finden.

In der Psychiatrie wird Julia von Ärzten und Therapeuten betreut. Sie leidet unter schweren Depressionen und zeigt suizidale Tendenzen. Die psychiatrische Behandlung zielt darauf ab, ihre akuten Symptome zu lindern, ihre psychische Gesundheit wiederherzustellen und zukünftige Selbstmordversuche zu verhindern.

Herbstwald

Julia wird regelmäßig von einem Arzt untersucht und erhält eine medikamentöse Behandlung gegen ihre Depression. Psychologische Therapiesitzungen, darunter Einzel- und Gruppentherapie, werden ihr ebenfalls angeboten, um ihr bei der Bewältigung ihrer emotionalen Probleme zu helfen. Die Behandlung in der Psychiatrie ist darauf ausgerichtet, Julias Selbstwertgefühl und Selbstvertrauen zu stärken

Sie wird über positive Bewältigungsmechanismen und Strategien zur Konfliktlösung unterrichtet, um mit ihrem Schmerz und ihrer Trauer umzugehen. Dabei wird die Identifizierung von Unterstützungssystemen in ihrem Leben, wie Familie oder Freunde, gefördert.

Der Aufenthalt in der Psychiatrie kann von Wochen bis zu mehreren Monaten dauern, abhängig von Julias individuellen Bedürfnissen und Fortschritten. Sobald die Ärzte und Therapeuten der Ansicht sind, dass sie stabil genug ist und die Gefahr eines erneuten Selbstmordversuchs minimiert wurde, kann sie entlassen werden.

Die Entlassung aus der Psychiatrie umfasst normalerweise eine Nachsorgeplanung, um sicherzustellen, dass Julia weiterhin die notwendige Unterstützung erhält. Dies können regelmäßige Therapiesitzungen, Medikamentenüberwachung sowie eine Überweisung an eine ambulante Einrichtung oder eine Selbsthilfegruppe sein, die ihr bei der langfristigen Bewältigung ihrer psychischen Erkrankung helfen.

Ein Selbstmord durch Autoabgase.

Ein Mann mittleren Alters ruft spätabends die ärztliche Notdienstzentrale an: „Jeden Abend gehe ich vor dem Schlafengehen über den großen, verlassenen Parkplatz eines ehemaligen Möbelhauses. Vor einem parkenden Auto mit laufendem Motor hielt ich an. Auf mein Klopfen reagierte die Person im PKW nicht. Da alle Türen verschlossen sind, komme ich nicht ins Auto. Daraufhin zog ich den Schlauch vom Auspuff."

Der erfahrene Zentrallist fragt: „Wo befindet sich der Parkplatz?" Der Spaziergänger gibt alle erforderlichen Informationen an und sagt: „Ich warte an der Straßenecke. Meiner Meinung nach ist der Mann im Wagen tot!"

Der erfahrene Zentrallist informiert den Bereitschaftsarzt des ärztlichen Notdienstes und den Sanitäter Rolf, der als Bereitschaftsfahrer eingesetzt ist, sowie die Polizei und die Kriminalpolizei.

Rolf und der Arzt treffen als erste am Einsatzort ein. Der Sanitäter schlägt mit einem Hammer die Scheibe des Fahrzeugs ein…

Der Arzt öffnet die Tür weit auf. Da der Tote daran lehnt, fällt er nach draußen. Von innen strömt die geballte Auspuffgase entgegen. Hustend weichen sie zurück.

Weil an dem Sommerabend angenehme Temperaturen sind, holt Rolf eine Decke aus dem Wagen, um den Toten daraufzulegen. Der Arzt untersucht die Leiche auf sichere Todeszeichen, wie beispielsweise die Leichenstarre. Totenflecken, Fäulnis oder die tödlichen Verletzungen am Körper.

Die Polizei und die beiden Kripobeamten treffen ein, stellen sich vor und befragen den Spaziergänger, den Arzt, den Sanitäter. Rolf findet auf dem Beifahrersitz den Abschiedsbrief.

Nach der Sicherstellung des Leichnams leitet die Polizei ihren Bericht an die Staatsanwaltschaft, die entscheidet, ob der Tote weiter untersucht werden sollte. Wenn ja, wird der Leichnam in die Rechtsmedizin gebracht und dort genauer untersucht beziehungsweise obduziert.

Der Kriminalist liest den Brief vor. »Meine lieben Eltern, es tut mir leid, dass ich euch die Schande antue. Ich hatte einen Job, der mir keine Freude bereitete. Ich konnte nicht erfolgreich werden, weil ich mein Leben lang zu viel Angst hatte, um mich den Herausforderungen zu stellen. Bei jeder Bemühung, bekam ich Atemnot.

Es ist dumm, Angst vor der Meinung anderer und vor jeder Herausforderung zu haben. Gestern hat mich meine Freundin Doren verlassen. Das gab mir den Rest. Angst schwächt und lähmt dich. Wenn du sie zulässt, höhlt sie dich aus und du kannst deine Persönlichkeit nicht entwickeln!

Ich kann nicht mehr weiterleben. Ich habe mich entschieden, meinem Leben ein Ende zu setzen.

Es tut mir leid für all den Schmerz, den ich euch damit zufüge. Bitte versteht, dass ich keine andere Wahl sehe. Ich habe versucht, glücklich zu sein. Es hat nicht funktioniert. Ich konnte die Niederlagen in meinem Leben nicht verkraftet und meine Ängste nicht überwinden.

Es war ein Kampf, den ich nicht gewinnen konnte. Ich bitte euch, mir zu verzeihen. Ihr wart die besten Eltern. Meine Probleme lagen nicht in der Kindheit.

Jenseits.

Bitte denkt an die guten Zeiten, die wir gemeinsam hatten. Erinnert euch an die Liebe, die wir geteilt haben. Ich möchte nicht, dass ihr mich als einen Verlierer seht, sondern als einen Menschen, der sich vergeblich mühte.

Ich wünsche euch allen das Beste für die Zukunft. Bitte sorgt euch nicht um mich, sondern konzentriert euch auf euer eigenes Leben und genießt jeden Moment. Danke für alles, was ihr für mich getan habt!«

Es folgen weitere körperliche Untersuchungen in der Pathologie, um den genauen Todeszeitpunkt und mögliche Anzeichen für einen Suizid festzustellen. Der Arzt stellt fest, dass der Mann durch die Einatmung der Abgase gestorben ist. Es werden Schäden an den Lungen entdeckt, die auf die langfristige Einwirkung von Abgasen hinweisen.

Die Ermittler suchen am nächsten Tag nach möglichen Zeugen, die gesehen haben könnten, dass der Mann sich in das Auto gesetzt hat.

Die Angehörigen des Verstorbenen werden benachrichtigt und von einem Notfallseelsorger betreut.

Der Suizid durch Autoabgase ist eine tragische Art, sein Leben zu beenden. Es kann verschiedene Gründe für solch eine Entscheidung geben, wie zum Beispiel Verzweiflung, psychische Erkrankungen oder persönliche Probleme. Die Familie und Freunde des Verstorbenen werden mit Trauer und dem Verlust umgehen müssen.

Es ist wichtig, in solchen Fällen professionelle Hilfe anzubieten und auf mögliche Anzeichen für psychische Belastungen zu achten, um solche Taten verhindern zu können.

Lass dein Leben von den Entscheidungen beeinflussen, die du gemacht hast, nicht von denen, die du nicht gemacht hast.

Hausnotruf.

Der Sanitäter Rolf fährt nicht ausschließlich mit dem Einsatzwagen zu den Patienten und mit dem ärztlichen Notdienst zu den Patienten, sondern bei Bedarf zu den gestürzten oder erkrankten Hausnotrufpatienten. An manchen Tagen sitzt er mit zwei Kollegen in der Hausnotrufzentrale, in der ab 21 Uhr bis morgens 6 Uhr die Zentrale des ärztlichen Notdienstes aufgeschaltet wird.

Er kommt gerade von einem Einsatz zurück, als eine Hausnotrufteilnehmerin vom Knopf am Armband eine Sprechverbindung zu unserer Zentrale von ihrem Hausnotrufapparat herstellt. Der geschulte Zentrallist sieht auf dem Bildschirm ihren Namen, ihre Adresse, die Angehörigen, das Krankheitsbild, die Medikamente, die Telefonnummern und die Namen ihrer Ärzte.

Gisbert, der Zentrallist, drückt die Sprechtaste:

»Guten Tag, Frau Putzen, mein Name ist Jürgen Drosten, wie kann ich Ihnen helfen?« Sie antwortet: »Ich bin in meiner Küche ausgerutscht, da ich übergewichtig bin, kann ich nicht alleine aufstehen.« Der Zentrallist fragt: »Haben Sie sich einen Arm oder ein Bein gebrochen? » Energisch antwortet Frau Putzen: »Nein! Stellen keine Fragen, sondern schicken Sie mir eine Hilfe. »

Gewitter über dem See

Rolf, der das Gespräch mitbekommen hat, öffnet mit einem Code den Schlüsselschrank und entnimmt den Zweitschlüssel von der Frau Putzen.

In der Zeit druckt ihm der Zentrallist alle Daten der Gestürzten auf eine Dateikarte. Da der Sanitäter viel in der Stadt unterwegs ist, benötigt er kein Navi.

Weil es sich um keinen Notfall handelt, darf er nicht mit Blaulicht fahren. In der ehemaligen Zechen-siedlung hält er vor einem Zweifamilienhaus an.

Hausnotrufdienste sind spezielle Dienstleistungen, die es älteren oder alleinstehenden Menschen ermöglichen, im Falle von Notfällen oder Unfällen schnell Hilfe zu erhalten. Der Hausnotruf besteht aus einem Notrufsystem, das am Körper getragen werden kann, zum Beispiel als Armband oder Anhänger, und einer zentralen Überwachungsstelle, die rund um die Uhr erreichbar ist.

Im vorliegenden Fall ist Rolf, ein Sanitäter, Teil des Hausnotrufteams. Zusammen mit seinen Kollegen arbeitet er in der ärztlichen Notdienstzentrale, die abends von 21 Uhr bis morgens 6 Uhr eingeschaltet wird.

Er parkt auf dem Bürgersteig vor dem Haus und schließt die Tür auf. Als er das Haus betrat, rief er laut: »Frau Putzen, ich heiße Rolf und bin die Hilfe vom Hausnotruf.« In dem Moment stürzt ihm ein bellender, zähnefletschender Schäferhund entgegen. Die Gestürzte ruft energisch: »Der tut nichts. Trauen Sie sich. Seien Sie nicht feige«, schreit die Gestürzte.

Das war er nicht. Er hatte bei einer Auszeit die halbe Welt bereist und einen Dschungel durchquert. Vorsichtig machte er einen Schritt nach vorn. Der Hund spürte seine Angst und bellte lauter und fletschte seine Zähne bedrohlicher.

Die verbitterte, alleine lebende Frau verhöhnte ihn weiter: »Was sind sie für eine Memme.« Sie rief: «Hasso, komm zurück und nehme hinter der

Couch Platz.« Der hörte nicht und bellte weiter den Besucher an.

Rolf war hilflos. Sollte er die Polizei anrufen? Stattdessen ging er wie betäubt zu der Gefallenen und half ihr mit seinen gelernten Heilbegriffen auf und untersuchte sie nach Knochenbrüchen. Die

Übergewichtige setzte sich auf die Couch und schimpfte: »Ich werde mich bei Ihrem Chef beschweren und ihm sagen, er soll mir keinen Feigling zuschicken! «

Der Vorfall mit dem Schäferhund hatte Rolf gezeigt, wie wichtig es war, ruhig und besonnen zu bleiben, wenn es chaotisch wurde. Er versprach, sein Bestes zu geben, um Menschen in Not zu helfen und sicherzustellen, dass sie die Unterstützung erhalten, die sie benötigen.

Rolf wusste, dass seine Arbeit als Teil des Hausnotrufteams unverzichtbar und der Einsatz mit dem zähnefletschenden Hund grenzwertig war.

Fall Leberzirrhose.

Eine ältere Frau ruft in der ärztlichen Notrufzentrale mit leiser Stimme an, sodass der Zentrallist mehrmals nach dem Grund ihres Anrufes, nach ihrem Namen, nach ihrem Wohnort fragen muss.

Sie erzählt: «Ihr Sohn sei gestern aus dem Krankenhaus entlassen worden, weil er dort nicht sterben will. Er leidet an Angstzuständen, vor allem vor dem Tod.» Der Zentrallist entgegnet: «Am besten schicke ich ihnen den Notarzt und den Rettungswagen vorbei.»

Die bisher leise sprechende Frau wird energisch: «Bitte nicht, mein Sohn befindet sich im Endstadium seiner langjährigen Leberzirrhose und möchte bei mir sterben. Seit mein Mann, vor zehn Jahren gestorben ist, lebt er mit seiner Alkoholsucht bei mir. Er braucht eine Morphiumspritze oder eine Beruhigungsspritze gegen seine Schmerzen und gegen seine Angst vor dem Tod.»

Der Zentrallist verständigt den Sanitäter Rolf, der fährt mit seinem Einsatzfahrzeug zum diensthabenden Arzt.

Doktor Schüller hat seine gutgehende Praxis verkauft und sich auf die Urlaubsvertretungen der Ärzte und auf die Pflichteinsätze der Kollegen der ärztlichen Vereinigung gegen einen Stundenlohn konzentriert. Wiederholt erzählt er: «Dass er jetzt mehr verdient als mit seiner Praxis. Vor allem hat er keinen Ärger mehr mit dem Finanzamt, weil irgendwelche Rechnungen fehlen. «

Ralf war mit einer gebrochenen Hand bei ihm. In seinem Wartezimmer standen die Erkrankten jeden Tag Schlange.

Sie fahren zum Ortsteil Zweckel zu einer Zechensiedlung und halten vor einem Vierfamilienhaus. Rolf, der mit seinem Notfallrucksack vorausgeht, schellt bei der Familie. Die Mutter öffnet die Tür und sagt zu ihm: «Schön, dass sie gekommen sind, Herr Doktor.»

Rolf antwortet: «Der Doktor folgt mir, der kann schlecht laufen.» Die ältere Frau sieht sehr verhärmt aus. Ihre Gesichtszüge hängen schlapp nach unten. Ihr Sohn sitzt vor dem Küchentisch und wirkt unendlich müde.

Sein gesamter Körper ist hellgelb und sein dicker, aufgeblähter Bauch deutet auf eine Leberzirrhose hin. Der Doktor unterdrückt seinen Vorwurf: «Warum haben sie nicht rechtzeitig mit dem Saufen aufgehört?»

Weil er sich die aufgestaute Aggression des Todkranken ersparen will. Der Arzt blättert im Entlassungsbericht des Krankenhauses. Mit alkoholbedingter Lebererkrankung werden Leberschädigungen bezeichnet, die durch den Konsum von zu viel Alkohol über einen längeren Zeitraum verursacht werden.

• Die Menge des Alkoholkonsums erzeugt den Schweregrad des Leberschadens.

• Anfangs treten keine Symptome auf. Später reichen sie von Fieber, Gelbsucht, Müdigkeit und einer druckempfindlichen, schmerzenden und vergrößerten Leber bis hin zu schwerwiegenderen Problemen wie Blutungen im Verdauungstrakt und einer Verschlechterung der Gehirnfunktion.

• Zur Beurteilung, ob ein Alkoholproblem vorliegt, können Patienten darum gebeten werden, einen Fragebogen auszufüllen, und Familienmitglieder können gefragt werden, wie viel der betreffende Patient trinkt.

• Wenn Patienten, die übermäßig viel trinken, Symptome einer Lebererkrankung aufweisen, werden Bluttests zur Beurteilung der Leber und eine Leberbiopsie durchgeführt.

Die beste Therapie besteht darin, den Alkoholkonsum aufzugeben, was schwierig ist und die Teilnahme an einem Rehabilitationsprogramm erfordert. Für den Patienten kommt jede Hilfe zu spät. Er hat viele Reha Maßnahmen hinter sich und wurde nach einer Zeit rückfällig. Am Morgen ruft seine Mutter erneut die Ärztliche Notrufzentrale an und sagt: «Ihr Sohn ist gestorben!»

Handyortung.

Rolf sitzt am Sonntagmorgen in der Einsatzzentrale und genießt das angenehme Frühlingswetter. Er beobachtete die Spatzen, die vor seinem Fenster im Staub baden, als das Telefon klingelte. Am anderen Ende meldet sich Herr Meyer, mit hektischer Stimme: «Er sei vor 5 Minuten aufgewacht und seine Frau lag nicht neben mir.

In Panik habe er alle Zimmer durchsucht und konnte sie nicht finden. Da die Haustür einen Spalt offenstand, glaube ich, dass sie das Haus verlassen hat.» Aufgrund ihres beginnenden Demenzstadiums hat Herr Meyer bei Rolf das Seniorentelefon seiner Frau mit GPS-Ortung anschließen lassen. «Zum Glück hat meine Frau ihre Handtasche mitgenommen, in der sich das Seniorentelefon befindet.»

Bevor Herr Meyer die Polizei oder eine Hundestaffel kontaktiert, bittet er Rolf, das GPS-Telefon seiner Frau zu orten.

Herr Meyer atmet hörbar erleichtert auf und bedankt sich: «Toll, was die heutige Technik alles vermag! Ich bitte sie, vorerst nichts zu unternehmen. Ich vermute, dass meine Frau zu ihrer Schwester nach Er lobt ihn und die moderne Technik!

Er vermutet, dass meine Frau zu ihrer Schwester nach Essen-Bredeney fährt. Verfolgen sie meine Erika b is sie in den Bus nach Bredeney steigt. Dann fährt sie zu ihrer Schwester. Informieren sie mich, wenn der Bus in Richtung Baldeneyer-See fährt, dann hole ich sie bei ihrer Schwester ab.«

Rolf ortet die Kranke, bis sie das Haus der Schwester erreicht. Er verständigt den Ehemann und holt sie von ihrer Schwester ab.

Rechtliches zur Personenüberwachung

Durch die GPS-Ortung der Senioren können sie schnell Ausfindung gemacht und die Angehörigen oder das Pflegepersonal die Personen verständigt werden Die Art der Personenüberwachung ist innerhalb eines genau definierten rechtlichen

Magen-Darm-Grippe: Ansteckungsgefahr.

Der kalte Novemberwind, begleitet vom Nieselregen und den stetigen Bögen des Nordseewindes, schlägt vielen nicht nur auf das Gemüt, sondern auch auf den Magen-Darm-Trakt. Die Ansteckung mit einem Magen-Darm-Infekt erfolgt in der Regel über die sogenannte fäkal-orale Übertragung. Dies bedeutet, dass Krankheitserreger aus dem Kot oder Erbrochenem eines an Magen-Darm-Grippe erkrankten Menschen auf irgendeinem Weg in den Mund eines anderen gelangen.

Eine häufige Übertragungsroute erfolgt, wenn der Erkrankte sich nach dem Toilettengang nicht ausreichend die Hände wäscht. Wenn er dann Nahrungsmittel wie Brot oder Objekte wie Gläser und Türklinken berührt, gelangen die Erreger auf diese Gegenstände. Fasst ein gesunder Mensch danach sein Gesicht an, transportiert er die Erreger in seinen Körper. Diese Form der Übertragung wird als Kontakt- oder Schmierinfektion bezeichnet.

Besonders kritisch sind die Noroviren, die sich zusätzlich aerogen, also über die Luft, verbreiten können. Sie gelangen von Mensch zu Mensch und steigern somit die Ansteckungsgefahr erheblich. Diese Erreger schweben in winzigen Tröpfchen, die der Erkrankte beim Sprechen, Husten oder Niesen abgibt, in der Umgebungsluft und können von anderen eingeatmet werden. Dieser Übertragungsweg wird als Tröpfcheninfektion bezeichnet.

In der ärztlichen Notrufzentrale klingelt das Telefon unentwegt. Eine besorgte Mutter oder ein Vater schildert den bedauerlichen Zustand ihres Kindes. Manche Erreger, wie EHEC (enterohämorrhagische Escherichia coli) und Salmonellen, können zudem von Tieren auf den Menschen übertragen werden. Die Ansteckung geschieht vorwiegend über kontaminierte Tierprodukte wie rohe Eier, die beispielsweise in Tiramisu oder Mayonnaise enthalten sind, oder auch über unzureichend gekühlte Lebensmittel.

Wie groß ist die Ansteckungsgefahr bei Magen-Darm-Grippe?

Die Ansteckung mit Magen-Darm-Grippe hängt in erster Linie vom verursachenden Erreger ab. Eine hohe Ansteckungsgefahr liegt vor, wenn die Keime robust sind und außerhalb des menschlichen Körpers lange überleben können. Zudem ist die Gefahr erhöht, wenn Erreger sich aufgrund ihrer schnellen und starken Vermehrungsfähigkeit bereits in kleinsten Mengen ausbreiten können. Dies ist insbesondere bei Noroviren der Fall.

Sind die Erreger hingegen empfindlicher oder benötigen sie eine größere Zahl, um einen Krankheitsausbruch auszulösen, ist das Ansteckungsrisiko geringer.

Generell weisen Magen-Darm-Infekte ein hohes Ansteckungspotenzial auf, weshalb oft mehrere Familienmitglieder betroffen sind und es in Gemeinschaftseinrichtungen zu größeren Ausbrüchen kommt. Je mehr Viren ein Erkrankter ausscheidet, desto ansteckender ist er. Die Gefahr einer "Magen-Darm-Ansteckung" bleibt hoch, solange der charakteristische Brechdurchfall besteht.

Am besagten Sonntag sind der diensthabende Arzt und Rolf unermüdlich im Einsatz. Vor allem Kinder und Senioren sind durch ihre geschwächten Immunsysteme betroffen. Der Arzt und Rolf stehen am Bettchen der kleinen Eva, die in einem kläglichen Zustand daliegt. Ihre Lebensfreude und Neugier scheinen vollständig erloschen. Gewohnt prüft der Arzt Puls, Blutdruck und Herztöne.

Die Mutter, die mitleidet, fragt: „Wie lange dauert eine Magen-Darm-Grippe?" Der Mediziner erklärt: „Das hängt von mehreren Faktoren ab, insbesondere vom verursachenden Erreger. In der Regel ist der Brechdurchfall bei einer virusbedingten Magen-Darm-Grippe nach wenigen Tagen überstanden. Eine Infektion mit bestimmten Bakterien, wie Campylobacter, kann hingegen bis zu zwei Wochen lang Beschwerden verursachen."

Übeltäter Noroviren

Heftiger Durchfall und akutes Erbrechen – wenn das Bedürfnis nach einer Toilette überfallartig auftritt, steckt häufig ein Magen-Darm-Erreger dahinter. Bei ungefähr jedem fünften Fall mit entsprechenden Symptomen sind Noroviren die Ursache. Wer sich mit Noroviren infiziert, merkt dies zügig. Innerhalb weniger Stunden treten klassische Symptome wie Bauchschmerzen, Übelkeit, Erbrechen und Durchfall auf. Diese akuten Anzeichen halten ein bis drei Tage an. Interessanterweise treten Noroviren vor allem in den Wintermonaten von November bis März auf.

Die besorgte Mutter fragt: „Was kann ich dagegen tun?" Der Mediziner antwortet: „Eine spezifische Therapie gegen Noroviren gibt es nicht. Achten Sie besonders darauf, den Flüssigkeits- und Elektrolyt-verlust auszugleichen. Mineralwasser, ungesüßte Kräutertees oder dünne Brühe sind hilfreich, um den Magen zu beruhigen. Am nächsten Tag können Sie versuchen, einen Esslöffel Haferflocken zu essen. Wenn Sie die Nahrung gut vertragen, sollte die Malaise bald vorbei sein. Schwangere, kleine Kinder sowie ältere oder geschwächte Personen sollten unbedingt einen Arzt konsultieren."

Wichtig ist es, die Ansteckungskette des Virus zu unterbrechen. Wäsche des Patienten sollte regelmäßig heiß gewaschen werden, am besten bei 90 °C. Hände, Flächen und Gegenstände, die der Betroffene verwendet hat, sollten gründlich desinfiziert-ziert werden. Eine einzige infizierte Person kann bereits ausreichen, um eine lokale Epidemie auszulösen.

Die Ehefrau fügt hinzu: „Meine Mutter kannte natürliche Heilmittel gegen Noroviren. Fruchtextrakte von Zitronen, Orangen oder Granatäpfeln können Magen-Darm-Infekte lindern, da das Citrat der Zitronensäure an die Viren bindet und deren Kon-taktstellen blockiert!" Der Arzt lächelt zustimmend. „Der Begriff 'Magen-Darm-Grippe' bezeichnet allgemein ein Krankheitsbild, bei dem ein Infekt mit einem Krankheitserreger zu typischen

Symptomen im Magen-Darm-Trakt führt. Die In-kubationszeit sowie die Intensität und Dauer der Symptome variieren je nach Erreger."

Rolf füllt ein Rezept aus, das der Arzt unterschreibt und erklärt: „Bei Übelkeit und Erbrechen eignen sich Präparate wie Vomex A Dragees, und bei aku-tem Durchfall zum Beispiel Vaprino. Salz, Elektro-lyte und ausreichend Flüssigkeit können der De-hydrierung entgegenwirken und das allgemeine Wohlbefinden steigern. Die Glückauf-Apotheke hat heute Notdienst. Am besten holen Sie die Medika-mente sofort. Sollte keine Besserung auftreten, bitten wir Sie, morgen fachärztliche Hilfe in An-spruch zu nehmen."

Die Mutter und ihre Tochter bedanken sich, und die beiden Notdienstler machen sich auf zum nächsten Patienten.

GPS-Ortung per Hausnotrufhandy.

Angehörige kommen oft ohne Unterstützung schnell an ihre Grenzen. Ein unachtsamer Moment reicht aus, und Demenzkranke folgen ihrem Bewegungsdrang und laufen davon. Ein kleines GPS-Signal von einem Notrufhandy kann helfen, vermisste Senioren schnell wiederzufinden. Dies geschieht in Form von GPS-Sendern (zum Beispiel in einem GPS-Armband) und speziellen Seniorenhandys.

So funktioniert die GPS-Ortung

Spezielle Seniorenhandys oder GPS-Tracker verfügen über eine SOS-Taste. Wird die „Find me"-Funktion gedrückt, wird eine SMS mit GPS-Koordinaten an eine hinterlegte Rufnummer gesendet. Der Betreuer kann somit anhand der Satellitendaten auf einer Karte am PC oder Smartphone den genauen Standort der hilfsbedürftigen Person einsehen.

Die GPS-Ortung funktioniert ähnlich wie die GSM-Ortung in einem Mobilfunknetz, ist jedoch wesentlich genauer. Bei der typischen Handyortung wird das GSM-Signal zu den nächstgelegenen Sendemasten ermittelt und weitergegeben. So können die nächsten Funkzellen geordnet werden, die einen überschaubaren Bereich abdecken.

Rechtliches zur Personenüberwachung

Durch die GPS-Ortung von Senioren können Angehörige oder das Pflegepersonal die Betroffenen schnell und zielgerichtet ausfindig machen.

Vorteile eines Handys mit GPS-Ortung

Seniorenhandys mit GPS-Ortung bieten den Nutzern einen entscheidenden Vorteil: Sie ermöglichen das Telefonieren. Mit einem reinen GPS-Sender ist dies nicht möglich; das Handy erlaubt es den Senioren, ihre Situation zu schildern und Hilfe zu rufen. Die GPS-tauglichen Handys und Smartphones sind somit eine enorme Sicherheitsmaßnahme für Senioren, solange diese noch in der

Lage sind, das Gerät zu nutzen. Bei vorangeschrittener Demenz oder wenn sich Senioren nicht mehr gut orientieren können, ist ein GPS-Sender die bessere Wahl.

Der sogenannte GPS-Tracker wird beispielsweise am Handgelenk getragen oder kann an einem Gürtel befestigt werden. Es gibt Modelle, die im Schuh integriert sind, sodass Demenzkranke sie nicht entfernen können. Für Senioren, die zu Orientierungsproblemen neigen, bieten GPSTracker eine sinnvolle Möglichkeit, die Sicherheit zu erhöhen.

Das Seniorentelefon, ausgestattet mit GPS, ist speziell auf die Bedürfnisse älterer Menschen zugeschnitten. Es weist eine einfache Benutzeroberfläche mit großen Tasten und klaren Symbolen auf, die die Bedienung erleichtert. In der Regel ist das Telefon mit einer Notruffunktion ausgestattet, die es ermöglicht, im Notfall schnell Hilfe zu rufen.

Insgesamt bietet die GPS-Ortung für Demenzkranke eine enorme Erleichterung und Sicherheit sowohl für die Betroffenen als auch für ihre Angehörigen. Sie ermöglicht es, vermisste Personen schnell zu finden und ihnen die notwendige Unterstützung zukommen zu lassen. Durch die präzise Ortung kann vermieden werden, dass Betroffene längere Zeit alleine und ohne Hilfe bleiben, was insbesondere bei Demenzerkrankungen von großer Bedeutung ist.

In Zusammenarbeit mit einem Altenheim in Hamburg wurden vier demente Senioren mit einem Seniorentelefon ausgestattet, das sämtliche Daten und Telefonnummern mit unserer Hausnotrufzentrale verknüpft. Für den Test mit dem Altenheim haben wir vereinbart, vorerst vier Seniorentelefone bei uns anzumelden. Diese werden mit GPSTrackern in den Handtaschen der vier Demenzkranken installiert. Verlassen sie einen Umkreis von 400 Metern um das Altenheim, wird automatisch ein Notruf in unserer Zentrale ausgelöst.

In einem Fall stieg eine betagte Dame in die U-Bahn in Richtung Hauptbahnhof, was der Zentrallist anhand der sich bewegenden Punkte feststellen konnte. Rolf informierte die Heimleiterin und die zuständige Polizei, die die Seniorin in der

Mönckebergstraße vor dem Karstadthaus abfan-
gen konnte.

Ein Sonntag voller Herausforderungen.

Sonntag ist der Tag, an dem die meisten Notrufe eingehen – Verletzungen, Schwindel, Magen-Darm-Infektionen, Angstzustände und Depressionen. Es gab Sonntage, an denen Rolf mit den Bereitschaftsärzten von morgens bis abends im Einsatz war und bei den Angehörigen der Patienten um ein Glas Wasser bitten oder die Toilette benutzen musste.

Eine Heimleiterin von Kindern mit geistiger Behinderung ruft an und berichtet: „Ein Junge aus ihrer Gruppe hat eine Grippe und leidet unter Fieber." Rolf fährt mit dem ehemaligen Chirurgen, mit dem er mehrmals im Monat unterwegs ist, zu dem Heim. Am großen, schmiedeeisernen Tor wartet eine Gruppe von etwa 30 Kindern. Sie winken uns freudig zu, als wir über den Hof zum Eingang des Heims fahren.

Als sie aussteigen, strömen viele Bewohner auf sie zu und greifen nach unseren Händen. Sie lachen und tanzen, als würde ein Frühlingsfest gefeiert.

Eine Schwester empfängt uns an der Treppe und sagt sanft zu den Kindern: „Eure Kinder müssen draußen bleiben. Der Herr Doktor ist gekommen, um unseren kranken Norbert gesundzumachen."

Rolf ignoriert die Hinweise. Zwei Mädchen mit bunten Sommerkleidern ergreifen Rolfs Hände und sprechen abgehakt: „Wir kommen mit. Wir helfen Norbert." Die Heimleiterin ertönt mit leiser Stimme: „Der Herr Doktor darf nicht gestört werden." Auch der Arzt spricht in einem beruhigenden Ton: „Ihr könnt euch bei Norbert anstecken, und das wollen wir nicht." Verwundert bleiben die Kinder stehen und verstehen den Ratschlag nicht.

Norbert liegt in seinem frisch bezogenen Bettchen und sieht kreideweiß aus. Seine Wangen sind eingefallen, und er wirkt ganz schwach. Der Arzt prüft den Puls, misst den Blutdruck und hört den Herzschlag ab. Langsam spricht er: „Norbert, das hört sich gut an. In ein paar Tagen kannst du mit deinem Gefährten spielen und wie ein Frosch herumhüpfen!"

Er gibt ihm die klassischen Dragees gegen Übelkeit und Erbrechen sowie Vomex A Sirup aus seinem Arztkoffer. Rolf stellt ein Rezept aus, das der Arzt unterschreibt.

Vor der Tür wartet die Kinderschar. Zutraulich und mit strahlenden Gesichtern fassen die Kinder bis zum Auto die Hände des Arztes und Rolfs an.

Stefan und Luise fragen besorgt: „Stirbt Norbert?" Der Doktor schüttelt den Kopf. „Nächste Woche hüpft er wie ein Frosch!" Die Kinder brechen in ein lautes Lachen aus, während Sylvia ständig wiederholt: „Norbert wird nächste Woche ein Frosch!"

Ein Behindertenheim ist eine Einrichtung, in der Menschen mit Behinderungen untergebracht und betreut werden. Sie bietet diesen Menschen einen geschützten und angepassten Lebensraum, in dem sie Unterstützung und Pflege erhalten. Ziel ist es, den Bewohnern ein selbstbestimmtes und erfülltes Leben zu ermöglichen.

Lagerung Schwindel.

Es ist Samstag um 22:30, die Sonne taucht im Westen unter. Der Wind begleitet sie mit einem leisen Heulen. Die Blätter von den alten Eichen vor Rolfs Zentrale rascheln laut, als wären sie aus Blech.

Das Telefon klingelt. Rolf erkennt die Nummer von Mario, der in einem Heim für geistig behinderte junge Männer wohnt. Er begrüßt ihn wie einen alten Vertrauten: »Mario, einen schönen guten Abend. Was kann ich für dich tun? »

Nach einem langen Zögern; sagt er: »Mir ist schlecht und schwindelig, könnt ihr kommen? » Da die Verständigung klappt, sagt der Zentrallist:

«Der Doktor und ich kommen gleich!«

Auf dem Weg zum Patienten scherzt der Arzt, mit dem er am einigen Samstagabenden nach 22 Uhr bei dem Anrufer war: »Bestimmt läuft, wie immer an Samstagabenden, um die Zeit ein Softporno im Fernsehen, vielleicht lösen die Filme bei ihm

Schwindel aus?« Sie lachen verständnisvoll. Beide mochten die zutrauliche Art und das symphytische

Lächeln von geistig Behinderten. Für sie war ihre kleine Welt in Ordnung.

Mario empfing sie an der Tür und bat sie in sein bescheidenes Zimmer, mit Tisch, Stühle, Couch, Geschirrschrank, Kochecke, Fernseher und Koffer-radio. Jeder halbwegs normale Kerl hätte aus Scham das Softporno ausgeschaltet. Bei ihm lief er weiter. Er nahm Rolf wie einen Freund in den Arm: »Schön, dass du da bist!« Den Doktor be-grüßte er herzlich. Der sagte freundlich: »Mario, stelle bitte den Ton vom Fernseher ab, ansonsten kann ich deine Herztöne nicht hören! »

Der Doktor wendet die Audiometrie, der einfache

Hörtest ist der wichtige Bestandteil der Schwindel-Diagnostik. Stellen sich beim Hörtest Defizite her-aus, entstehen der Schwindel im Innenohr. Zur Audiometrie bekommt der Patient Kopfhörer auf-gesetzt und Töne unterschiedlicher Höhen und

Lautstärke eingespielt. Sobald ein Ton gehört wird, drückt der Patient einen Bestätigungsknopf.

Ähnlich verläuft der Nystagmus Test. Zusätzlich zum Kopfhörer, der das Innenohr mit Schall reizt,

bekommt der Patient eine sensible Messbrille aufgesetzt, die die Augenbewegungen während der Beschallung misst. Tritt ein Schwindel auf, machen die Augen zwangsläufig langsam rollende oder schnell zuckende Bewegungen, den sogenannten Nystagmus. Der Nystagmus ist der Versuch des Auges, den Schwindel auszugleichen.

Aus seinem Arztkoffer verabreicht ihm der Arzt Vertigo-Vomex Sr Retard Kapseln 120 Mg Hartkapseln.

Er schreibt ihm eine Überweisung zum Hausarzt am Montagmorgen. «Wenn dein Zustand sich nicht verbessert, wird er dich ins Krankenhaus überweisen, damit die Ärzte dort eine gründliche Anamnese vornehmen.

Nach meiner Einschätzung leidest du an dem gut-
artigen Lagerungsschwindel, den kann dein Hausarzt behandeln. »

Bei der Abfahrt winkt ihnen Mario wie ein kleines
Kind nach.

Wespenstich.

Es ist ein temperierter Mai Abend. Die Meisen suchen nach Raupen in den Sträucher, Pflanzen und
Bäumen für ihre Brut. Dr. Schrenker, ein Chirurg
und ehemaliger Notarzt und Rolf kommen von einem Patienten.

Herr Schrenker ist ein erfahrener Notarzt und war
im Einsatz, als der Intercity-Express »Wilhelm
Conrad Röntgen«, mit 200 Kilometer pro Stunde,
sich mit einem gebrochenen Radreifen vor der Be-
tonbrücke in Eschede in eine Weiche verhakt und
Waggons aufgerissen. 1001 Fahrgäste verlieren
ihr Leben. Für die Rettungskräfte bietet sich ein
Bild des Grauens, das sie nie mehr aus ihren Hir-
nen radieren können.

Der Zentralist der Feuerwehr ruft an und fragt den
Doktor: «Ob er als Notarzt einspringen könnte,
weil unsere beiden Notärzte unterwegs sind. Bevor
wir einen Notarzt aus der Nachbarstadt anfordern,
wären wir ihnen dankbar, wenn sie uns aushelfen.
Wir schicken Ihnen unseren 3. Rettungswagen mit

unseren beiden Rettungsassistenten. «Rolf hält den Wagen am rechten Straßenrand an, um den Namen, die Wohnstraße und die Ursache des Einsatzes aufzuschreiben. Vor der Haustür des von einer Wespe gestochenen Mannes angekommen. Erklärt ihnen, die an der Tür stehenden Ehefrau: „Dass ihr Mann allegorisch auf das Wespengift reagiert"

Der Doktor drängt zum Patienten und sagt zu ihm: „Je nach Schweregrad können Symptome wie Hautausschlag, Juckreiz, Übelkeit, Herzrasen, Schweißausbrüche oder Bewusstseinsverlust auftreten." Er misst Fieber und Blutdruck, hört die Herzschläge ab und schaut ihn mit einer Taschenlampe in die Augen: „Zum Glück haben Sie keinen anaphylaktischen Schock.

Auf das Gift reagiert der Körper mit einer starken Ausschüttung des Botenstoffs Histamin, der wiederum für eine sofortige Erweiterung der Blutgefäße sorgt. Der Blutdruck sinkt schlagartig ab und das Herz schlägt schneller, um den Blutdruck aufrechtzuerhalten. Schlimmstenfalls verursacht der extreme Blutdruckabfall einen Kreislauf-zusammenbruch, der tödlich enden kann.»

Die Besatzung mit dem Rettungswagen trifft ein. Als die Sanitäter aussteigen, ruft ihnen die zitternde Frau entgegen: »Bitte beeilen Sie sich, ansonsten verstirbt mir mein Mann! ».

Der Mond über dem Baggersee.

Der Doktor entgegnet abgeklärt: » Beruhigen Sie sich, liebe Frau. So schnell stirbt man nicht an einem Wespenstich. » Die Sanitäter schleppen ein Atemgerät mit Sauerstoffflasche, ein EKG und einen Defibrillator, der einen kontrollierten Stromstoß abgibt und bei einem plötzlichen Herzstillstand und zur Wiederbelebung eingesetzt wird.

Der Doktor untersucht wiederholt die Einstichstelle, die nicht eiterte. Die beiden Feuerwehrleute schließen das EKG an.

Dringender Handlungsbedarf bestand nicht, weil keine Wespenallergie, keine Blutvergiftung, keine Atemnot, kein Herzrasen, kein Fieber und Ausschläge vorlagen.

• Zum Abschluss verabreichte der Arzt den vor Lebensangst Zitternden eine Adrenalin Fertigspritze. Sie wirkt sofort, wobei das Adrenalin die Gefäße verengt und den Kreislauf und Blutdruck so innerhalb weniger Minuten stabilisiert.

• Zu der Ehefrau sagt der Doktor: »Der Wespenstich war in diesem Fall zwar schmerzhaft und für den Betroffenen stressig, aber letztendlich nicht lebensbedrohlich.«

Ausgekugelter Arm.

Im Fernsehen lief die Sendung Autopsie. Aus Erfahrung wusste Rolf, dass während der Zeit die meisten Hilfeanrufe beim ärztlichen Notruf getätigt werden. Scheinbar nimmt die durch Medikamente behandelten Krankheiten beim Anblick des Grauens, das Unwohlsein zu.

Eine nach der Stimme zu urteilen mittelalterliche Hausfrau ruft an: »Ich bin über eine Fußbank, die im Wege stand, gestolpert und auf den rechten Arm gefallen, dabei habe ich mir, den Arm ausgekugelt! Bitte kommen Sie schnell. Ich habe höllische Schmerzen. « Rolf schreibt Name und Wohnort auf und erwidert: »In einer Viertelstunde sind wir bei Ihnen.« Zum Glück für die Frau hat der ehemalige Chirurg Dr. Schrenker Dienst. Mit ihm hat er mehrere ausgekugelte Arme eingerenkt.

Als sie an der Haustür klingeln, öffnet der Sohn die Haustür und sagt freundlich: »Vielen Dank, dass sie gekommen sind. Meine Mutter sitzt auf der

Couch und ist kreidebleich vor Schmerzen. «

Sie betreten ein typisches deutsches Wohnzimmer. Die sind in der Regel gemütlich und funktional eingerichtet. Die Größe und Gestaltung variieren nach persönlichem Geschmack und individuellen Vorlieben.

Typischerweise findet man in deutschen Wohnzimmern eine Couch oder ein Sofa mit passenden Sesseln oder Sitzgelegenheiten. Die Möbel sind in neutralen Farben wie Grau, Beige oder Braun gehalten und mit Kissen und Decken dekoriert, um eine warme und einladende Atmosphäre zu schaffen.

Ein Couchtisch befindet sich im Mittelpunkt des Wohnzimmers, auf dem Bücher, Zeitschriften oder eine Tasse Kaffee platziert werden können. Regale oder Bücherschränke sind ebenfalls üblich, um Bücher, Dekorationsgegenstände oder elektronische Geräte zu verstauen.

Im deutschen Wohnzimmer entdeckt man einen Fernseher, der entweder an der Wand montiert ist oder auf einem TV-Ständer steht. Zusätzlich können eine Musikanlage oder ein CD-Spieler vorhanden sein.

Ein weiteres wichtiges Element sind Vorhänge oder Jalousien, um das Wohnzimmer vor Sonnenlicht oder neugierigen Blicken von außen zu schützen. Teppiche oder Teppichböden werden verwendet, um dem Raum eine gemütliche Note zu verleihen und den Boden vor Verschleiß zu schützen.

Die Dekoration des Wohnzimmers kann vielfältig sein. Pflanzen, Bilder an den Wänden oder andere persönliche Gegenstände wie Fotos oder Souvenirs sind anzutreffen.

Insgesamt sind deutsche Wohnzimmer ähnlich denen in anderen Ländern eingerichtet; viele Deutsche legen Wert auf Funktionalität, Ordnung und eine gemütliche Atmosphäre, um ihren Wohnraum effektiv zu nutzen und eine angenehme Umgebung zu schaffen.

Der Doktor erklärt der Patientin: «Die ausgekugelte Schulter muss im ersten Schritt eingerenkt werden, d.h., der Gelenkkopf wird durch einen

Ruck zurück in die Gelenkpfanne gebracht. Damit sie keine großen Schmerzen erleiden, erhalten sie eine Kurznarkose. Ich bin Chirurg und kenne mich aus. »

Er gibt ihr ein muskelentspannendes Medikament. »Morgen gehen sie zum Hausarzt, ich schreibe ihm alle Einzelheiten auf. Der soll ein Röntgenbild von ihrem Gelenkkopf machen. Anhand der Aufnahme sieht er, ob parallel zu seiner Handlung eine intensive physiotherapeutische Behandlung sinnvoll ist.«

Der Arzt sagt zum Rolf: »Wie beim letzten Male ziehst du nach meinen Zeichen, mit einem kräftigen Ruck den Arm nach unten. Währenddessen schiebe ich das Gelenk in die Gelenkpfanne. »

Bei der Ausführung schreit die Patientin kurz auf.

Nachdem der Schmerz verschwindet und sie den Arm bewegen kann, weint sie vor Freude und umarmt den Doktor: »Vielen Dank, ich verspreche ihnen, morgen gehe ich zum Hausarzt.» Beim Hinausgehen sagt er zu der Frau Köhler. »Sie müssen

die wilden Triebe von ihrer Zimmerpflanze entfernen und die Blumen weniger gießen! »

Nackenschmerzen.

Rolf ist mit Dr. Hassan unterwegs, einem Syrer, der in Deutschland Medizin studierte und der nach seiner Assistenzarztzeit im Krankenhaus eine Praxis für Syrer und Türken eröffnete. Seine Wartezimmer waren ständig überfüllt, zumal er mit seinen Patienten viel zu Lange über Krankheiten und über Gott und die Welt sprach.

Der kleine Mann mit den listigen Augen redete jede Situation schön und verbreitete sogar den zurückhaltenden Frauen ein Lächeln ins Gesicht. Rolf mochte ihn, obwohl es ihn störte, dass er den ärztlichen Notdienst dazu nutzte, seine Privatpatienten zu besuchen.

Sie fuhren zu einer befreundeten Familie, von ihm, die ihn herzlich begrüßte. Auch die vier, bildhübschen Mädchen, zwischen 5 und zehn Jahren alt, herzten ihn mit einer langen Umarmung.

Das Ehepaar, das sie an der Haustür empfing, sah aus, als könnte sie in jedem Hollywoodfilm das schönste Liebespaar auf der Welt spielen. Sie strahlten ihr Glück aus und begleiteten jeden Satz mit einem Lächeln.

Der Patient setzt sich auf die Couch. Dort tastet der Arzt seinen Nacken mehrmals ab, bis der Erkrankte aufschreit. Um ihn zu beruhigen sagt er:

»Dorsal ist ein Schmerzmittel, das zur Behandlung von Nackenschmerzen eingesetzt wird. Es wirkt entzündungshemmend und schmerzlindernd und bietet vorübergehend Linderung. Langfristig sei es wichtig, die Ursache der Nackenschmerzen anzugehen und die Lebensgewohnheiten zu ändern. «

Während des Gesprächs wurde deutlich, dass das Ehepaar aus Syrien geflohen und vor einigen Jahren in Deutschland angekommen war. Sie erzählten von den Herausforderungen, denen sie auf ihrer Flucht begegnet waren und wie sie sich in ihrer neuen Heimat zurechtgefunden hatten.

Sie sprachen über die Unterschiede zwischen der syrischen und der deutschen Kultur und betonten, wie wichtig es für sie war, ihre kulturellen Traditionen und Bräuche zu bewahren.

Nach dem Essen wurden Rolf und der Doktor eingeladen, den Rest der Wohnung zu besichtigen. Das Schlafzimmer war in ähnlichem Stil wie das Wohnzimmer eingerichtet, mit warmen Farben und traditionellen Möbeln. An den Wänden sahen sie Fotos der Familie, die sie an ihre Heimat erinnerten.

Da sie uns erwarteten, servierte die Gattin Yabrak

(gefüllte Weinblätter)

Der syrische Yabrak-Teller geht auf die osmanische Zeit zurück. Der Name Yabrak ist türkisch und bedeutet »Blätter der Rebe«. Yabrak wurde in der Levante (Lander im östlichen Mittelmeerraum) als Vorspeise oder Hauptgericht serviert. Mit Reis und Fleisch gefüllte Yabrak-Blätter werden heiß als Hauptgericht serviert. Yalanji sind mit Reis und Gemüse gefüllte Blätter, die in einer pikanten Sauce mit Olivenöl gekocht und kalt als Vorspeise serviert werden.

Syrische Wohnzimmer sind mit traditionellen Einrichtungsstilen gestaltet, die die Kultur und Geschichte des Landes widerspiegeln. Merkmale der Einrichtung in syrischen Wohnzimmern sind:

1.   Sitzgelegenheiten: Syrer bevorzugen in der Regel Sofas oder Sofagarnituren mit weichen Kissen und Polstern. Die sind in warmen Farben wie Braun, Rot oder Orange gehalten. Wohnzimmer können mit traditionellen Sitzmöglichkeiten wie Diwans, niedrigen Sitzbereichen oder höckerartigen Möbeln ausgestattet sein.

2.   Tische: Das Zentrum des syrischen Wohnzimmers ist ein Couchtisch. Der kann aus Holz gefertigt und mit Schnitzereien o-der

Intarsien verziert sein. Auf dem Tisch können Tee- oder Kaffeegeschirr, dekorative Gegenstände oder Blumen platziert werden.

3.   Teppiche: Syrische Wohnzimmer sind in der Regel mit Teppichen ausgelegt, die eine wichtige Rolle spielen. Die Teppiche können in verschiedenen Farben und Designs erhältlich sein, wie zum

Beispiel orientalische Teppiche oder Kelims. Sie dienen nicht nur als dekoratives Element, sondern auch als Sitzgelegenheit, da sie auf den Boden gelegt werden.

4. Dekoration: Syrer schmücken ihre Wohnzimmer mit verschiedenen dekorativen Gegenständen, wie zum Beispiel Kalligrafie, Wandteppichen, Kerzenständern oder Mosaiklampen. Die Elemente tragen zur Schönheit und zum kulturellen Erbe des Raumes bei.

5. Farben: In der Regel sind syrische Wohnzimmer in warmen Farbtönen gehalten, um eine einladende und gemütliche

Atmosphäre zu schaffen. Die können Erdtöne wie Braun, Beige oder Terrakotta sowie helle Akzente wie Orange oder Rot umfassen.

Während des Essens sprachen sie über die ständigen Nackenschmerzen des Ehemannes. Einen schmerzenden Nacken kennt jeder. Wer sich wenig bewegt, im Alltag viel sitzen muss und beispielsweise stundenlang den Blick auf einen Bildschirm gerichtet hält, kennt eine steif verspannte Nackenmuskulatur zu gut. Bei manchem wird der Schmerz schleichend zum unerträglichen Dauerzustand.

Dr. Hassan erzählt: »Eine Studie gibt den chronisch Nackenschmerz geplagten neue Hoffnung: Regelmäßiges Meditieren eignet sich hervorragend als nebenwirkungsfreie und wirkungsvolle Therapie. Mit der sanften Selbsthilfe werden schmerzbedingte Depressionen wohltuend gelindert. Du solltest es versuchen. Ich kenne eine Lehrerin. « Aus seinem Arztkoffer gab er ihm ihre Visitenkarte.

Melde dich morgen bei ihr an. Ein Versuch kann nicht schaden!«

Der Hausherr verdiente sein Geld mit dem Verkauf von alten Autos.

Wenn die Fahrzeuge innerhalb Europas nicht mehr zu verkaufen sind, landen sie in einem Hafen in den Niederlanden und werden von dort nach Afrika verschifft. Die weit überwiegende Mehrheit der

Wagen hat laut UNEP kein gültiges TÜV-Siegel mehr und darf nicht mehr gefahren werden.

Das Alter der Fahrzeuge unterscheidet sich nach Zielland. Nach Nigeria, Guinea und Gambia werden vor allem Pkw verkauft, die zwischen 16 und 20 Jahren alt sind. Teilweise sind die Autos nicht mehr fahrtauglich. Libyen und Äthiopien erhalten überwiegend elf bis 15 Jahre alte Fahrzeuge. Ins Zielland Marokko gehen aus den Niederlanden Wagen, die jünger als sechs Jahre sind. Das liegt an den dortigen Gesetzen.

Wir verabschiedeten uns von der Familie und bedankten uns herzlich für ihre Gastfreundschaft. Es war eine bereichernde Erfahrung, ihre Kultur und Gastfreundschaft kennenzulernen.

Keine Lust auf Sex.

Rolf ist am Mittwochabend mit Dr. Üsücks unterwegs. Der Psychiater arbeitet im Krankenhaus. Im Auftrag von zwei Hausärzten springt er zweimal im Monat ein. Er hat privat mit einer türkischen Familie einen Gesprächstermin vereinbart.

Ein Ehemann hat ihn gebeten, mit seiner Frau zu reden, die hat keinen Spaß am Sex. Sie schellen in einem Altbau, der umringt von alten Häusern im Türkenviertel steht. Der Hausherr öffnet und umarmt den Doktor herzlich: »Ich habe meine Frau über den Sinn ihres Besuches informiert. Sie war einverstanden. Es ist ihr bekannt, dass sie ihrem Mann zu dienen hat. Sie möchte, dass ich glücklich bin!«

Sie betreten das Wohnzimmer, die Frau steht in der Küche. Türkische Wohnzimmer sind in der Regel mit komfortablen Möbeln ausgestattet, die zum Entspannen und Verweilen einladen. Eine typische Ausstattung umfasst in der Regel eine Couch oder ein Sofa mit farbenfrohen Bezügen oder Mustern. In vielen Haushalten finden sich Sessel oder

Sitzkissen im Raum. Oftmals sind die mit kunstvollen Stickereien oder traditionellen Motiven versehen. Ein weiteres markantes Merkmal türkischer Wohnzimmer ist der Teppich. Oftmals bedeckt ein traditioneller Teppich den gesamten oder zumindest einen Großteil des Bodens im Wohnzimmer.

Die Teppiche sind handgeknüpft und können kunstvolle Muster und Farben aufweisen. Der Fernseher ist ein wichtiges Element in türkischen Wohnzimmern. Oftmals wird er zentral im Raum platziert und ist von der Couch aus gut sichtbar.

Neben dem Fernseher finden sich weitere technische Geräte wie Soundsysteme oder Spielkonsolen. Die Einrichtung türkischer Wohnzimmer ist von verschwenderischer Dekoration geprägt. Es gibt viele kleine Details wie Kissen, Vorhänge, Vorleger und dekorative Gegenstände wie Vasen, Kerzenständer oder Bilder an den Wänden. Oftmals sind die Gegenstände farbenfroh, und extravagantes Design ist keine Seltenheit.

In vielen türkischen Wohnzimmern findet man Vitrinen oder Regale, in denen wertvolle Gegenstände wie Sammlerstücke, Geschirr oder Familienfotos präsentiert werden. Die Vitrinen sind ebenfalls kunstvoll verziert. Insgesamt sind türkische Wohnzimmer wahre Wohlwühlträume, die Gemütlichkeit und Gastfreundschaft ausstrahlen. Die Ausstattung ist oft farbenfroh, detailreich und spiegelt die traditionelle türkische Kultur wider.

Der Doktor begrüßt die Ehefrau, die vor Verlegenheit ein rotes Gesicht bekommt. Sie setzen sich um den Couchtisch. Die Gattin serviert Tee in einem Glas und reicht eine Schale mit Süßigkeiten.

Rolf, der kein Türkisch versteht, setzt sich abseits auf der Couch. Als der Psychiater auf die Frau einredet, ahnt er, was der ihr erzählt:

»Glaubt man dem Klischee, täuschen vor allem Frauen Kopfschmerzen vor, wenn sie keine Lust auf Sex haben. Wie wäre es umgekehrt? Wenn Kopfschmerzen nicht der Grund für ausbleibenden Sex sind, sondern für intensive Aktivität? Ob mit einem Vibrator wie dem Womanizer oder mit einem Partner, die Aktivität im Bett (oder auf dem Küchentisch) kann einen positiven Einfluss auf die Entstehung und die Intensität von Kopfschmerzen haben.

Verschiedene Studien haben genau den Effekt belegt. Ob Migräne oder Clusterkopfschmerzen, die Botenstoffe, die beim Sex und beim Orgasmus ausgeschüttet werden, können hartnäckige Kopfschmerzen lindern und damit einen Teil der Schmerzmedikation überflüssig machen.

Sex ist gut fürs Herz. Es kursieren Horrormeldungen, dass Menschen während des Geschlechtsverkehrs den plötzlichen Herztod erleiden. Das ist keine Auswirkung der sexuellen Aktivität, sondern die Folge einer Herzerkrankung. »

Der Ehefrau ist der Vortrag unangenehm. Ihr Kopf wird puterrot und ihr Herz schlägt schneller, Vom Verstand versteht sie die Ratschläge, aber ihre Emotionen hindern sie bislang daran, die Umzusetzen.

Ohne auf ihre Gefühle setzte der Doktor seinen Vortrag fort: »Auch bei sportlichen Aktivitäten, bei der Arbeit oder sogar im Schlaf sterben Menschen an einem Herzanfall. Das ist es nahezu undenkbar, auf alle Dinge, die Freude bringen, zu verzichten. Regelmäßiger Sex ist eine Form des körperlichen Trainings. Während des Geschlechtsakts werden Hormone ausgeschüttet, dein Blutdruck reguliert sich, du bist aktiv. Bis zu einem gewissen Grad kannst du damit sogar der Entstehung einer Herzerkrankung vorbeugen.

Denn regelmäßige sexuelle Aktivität mit dem Partner beeinflusst viele relevante Bereiche der Herzgesundheit: Geregelter Sex senkt den Blutdruck im Schnitt um bis zu 8 mm/HG. Das Herz und der

Herzmuskel werden gestärkt. Die Gefahr eines Herzinfarktes oder eines Schlaganfalls wird gesenkt. « Die Ehefrau wischt mit einem Taschentuch ihre Tränen vom Gesicht und verspricht: »Vielen Dank! Ich versuche ihre Ratschläge zu befolgen! «

Zum Abschluss gibt es: Teigtaschen mit Spinat und Feta - ein türkischer Klassiker.

Die kleinen, dreieckigen Teigtaschen werden ›Börek‹ genannt. Es handelt sich um eine saftige Spinat-Feta-Füllung, die kunstvoll in einen Filoteig gefaltet wird. Börek wird entweder knusprig-heiß direkt aus dem Ofen genossen oder kann als Fingerfood gegessen werden.

Es war schön zu sehen, dass der Doktor sich Zeit für die türkische Familie genommen hat und versuchte, ihnen zu erklären, dass Sex positive Auswirkungen auf Kopfschmerzen haben kann und gut für das Herz und für das allgemeine Wohlbefinden ist.

Wolfsstunde.

Es ist 3 Uhr nachts, als Dr. Schrenker und Rolf von einer Patientin mit Migräneanfällen kommen. Sie überlegen, ob sie zurückfahren sollen. Als Wolfsstunde oder Stunde des Wolfes wird die Stunde zwischen 3 Uhr und circa 4 Uhr bzw. teilweise der Zeitraum zwischen 3 Uhr und 5 Uhr morgens bezeichnet.

Der Begriff Wolfsstunde ist auf das Altertum zurückzuführen. Zu der späten nächtlichen bzw. frühmorgendlichen Zeit war außer den Wölfen niemand mehr draußen unterwegs.

Während der Wolfsstunde erwachen viele Menschen. Der Grund ist ein kreisendes Gedankenkarussell, dass die Betroffenen mit Sorgen, Ängsten sowie Missmut gestresst und wachhält.

Die Wolfsstunden sind Katastrophenstunden. Zu keiner Zeit des Tages stürzen beispielsweise häufiger Flugzeuge ab oder ereignen sich mehr Unfälle. Sterben die meisten Menschen, werden die meisten Kinder geboren. Da der Doktor sich in nächster Zeit ein neues Auto kaufen will und sie

wissen, dass um die Zeit Anrufe erfolgen, fahren Sie zu einem großen Autohaus, um sich die neuen Modelle anzusehen.

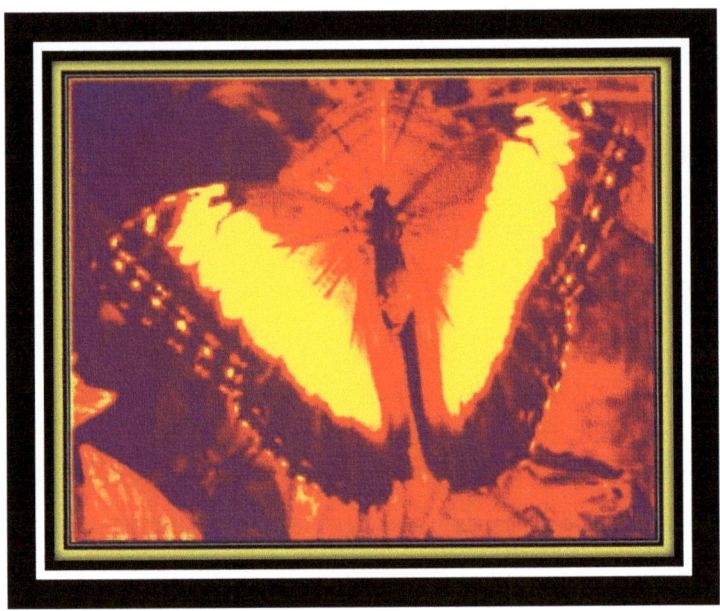

Flammender Schmetterling.

Auf dem Weg dahin klingelt das Telefon. Ein älterer Mann ruft an. Aus Nervosität spricht er undeutlich und verschluckt die Silben. Nachdem Rolf ruhig auf ihn einredet, spricht er deutlicher. »Meine

Frau leidet unter Krämpfen und hat starke Schmerzen im Bauch. » Rolf notiert Name und Adresse auf. Sie fahren zum Anrufer. Ein etwa 75jähriger, magerer Mann, mit Panik in den Augen: »Was wird aus mir, wenn meine Frau lange krank ist?«

Ein hilfloser Rentner ist eine ältere Person, die entweder aufgrund ihres Alters oder einer physischen oder geistigen Beeinträchtigung in verschiedenen Bereichen ihres täglichen Lebens auf Unterstützung und Hilfe angewiesen ist.

Alleine kann ein hilfloser Rentner Schwierigkeiten haben, grundlegende Aktivitäten des täglichen Lebens durchzuführen, wie z. B. sich zu versorgen,

sich anzuziehen, auf die Toilette zu gehen oder sich fortzubewegen.

Sie können Probleme haben, ihre persönliche Hygiene zu bewahren oder ihre Medikamente ordnungsgemäß einzunehmen. In einigen Fällen kann ein hilfloser Rentner unter Gedächtnisstörungen oder Demenz leiden, was zu Verwirrtheit oder Vergesslichkeit führen kann. Das Putzen, Waschen, Einkaufen und Kochen können für sie zu einer Herausforderung werden. Sie sind auf die Unterstützung von Familienmitgliedern, Pflegediensten oder freiwilligen Helfern angewiesen, um die Aufgaben zu bewältigen.

Mit schmerzgeplagtem Gesicht liegt seine Frau auf der Couch und fleht: »Bitte, Herr Doktor, helfen Sie mir. Ich kann es vor Schmerzen kaum aushalten.« Routinemäßig misst der Arzt Puls und Blutdruck. Sie sagt: »Mir ist übel, ich muss ständig Erbrechen und mein Bauch ist steinhart, weil ich keinen Stuhlgang habe! «

Der Mediziner tastet den Bauchbereich ab. Sie sagt: »Jetzt nehmen meine Blähungen zu. «

Dr. Schrenker meint: »Leider muss ich sie ins Krankenhaus schicken. Ihr gluckerndes Geräusch im Bauch deutet auf ein Magengeschwür hin. « Vom Schmerzen geplagt, willigt sie sofort ein. Ihr Mann, der wusste, dass er ohne seine Frau nicht überlebensfähig ist, bricht zusammen. Der Arzt überweist ihm gleich mit und schreibt auf die Überweisung. Sie sollen ihn nach der Stabilisierung so lange in ein Heim überweisen, bis seine Frau wieder zu Hause ist!

Die Auswirkungen von sexueller Aktivität auf die Herzgesundheit

„Es handelt sich nicht um die Auswirkungen der sexuellen Aktivität, sondern um die Folge einer Herzerkrankung", erklärt der Arzt. Die Ehefrau fühlt sich durch diese Worte unwohl; ihr Kopf wird puterrot und ihr Herz schlägt schneller. Während sie die Ratschläge des Arztes versteht, hindern sie ihre Emotionen bisher daran, sie auch umzusetzen.

Ohne Rücksicht auf ihre Gefühle setzt der Doktor seinen Vortrag fort: „Auch bei sportlichen Aktivitäten, bei der Arbeit oder sogar im Schlaf erleiden Menschen Herzanfälle. Es ist nahezu unvorstellbar, auf alles zu verzichten, was Freude bringt. Regelmäßiger Sex ist eine Form von körperlichem Training. Während des Geschlechtsakts werden Hormone ausgeschüttet, der Blutdruck reguliert sich, und du bleibst aktiv. Bis zu einem gewissen Maß kannst du dadurch sogar der Entstehung einer Herzerkrankung vorbeugen.

Regelmäßige sexuelle Aktivität mit deinem Partner beeinflusst viele relevante Bereiche der Herzgesundheit. Geregelter Sex kann den Blutdruck im Schnitt um bis zu 8 mm/Hg senken. Das Herz und der Herzmuskel werden gestärkt, wodurch die Gefahr eines Herzinfarkts oder Schlaganfalls verringert wird." Die Ehefrau wischt sich die Tränen aus dem Gesicht und verspricht: „Vielen Dank! Ich werde versuchen, Ihren Ratschlägen zu folgen!"

Zum Abschluss gibt es Teigtaschen mit Spinat und Feta – ein türkischer Klassiker. Diese kleinen, dreieckigen Köstlichkeiten werden „Börek" genannt. Sie enthalten eine saftige Füllung aus Spinat und Feta, die kunstvoll in einen Filoteig gefaltet wird. Börek genießt man entweder knusprig heiß direkt aus dem Ofen oder als Fingerfood.

Es war schön zu sehen, dass der Arzt sich Zeit für die türkische Familie nahm und versuchte, ihnen zu erklären, dass Sex nicht nur positive Auswirkungen auf das allgemeine Wohlbefinden hat, sondern auch auf Kopfschmerzen wirken kann und gut für das Herz ist.

Neue Schicht.

Die dicken Regenwolken aus Holland sind in West-deutschland angekommen und haben die Region verdunkelt. Um 18 Uhr beginnt Rolf seine Schicht in der Hausnotrufzentrale, die ab 21 Uhr vom ärzt-lichen Notdienst unterstützt wird. Als er über den Hausnotruf einer älteren Frau zuhört, erzählt diese vom Ende des Zweiten Weltkriegs im Bunker. Plötzlich klingelt das Telefon des ärztlichen Not-dienstes.

Die Anruferin, eine Frau mittleren Alters, klagt: „Meine 90-jährige Mutter leidet seit zwei Jahren an Altersschwäche. Heute steht sie nicht zum Abend-essen auf. Können Sie vorbeikommen? Ich mache mir Sorgen!" Der Zentrallist notiert routiniert Na-me und Adresse und verspricht: „In 30 Minuten sind wir bei Ihnen!"

Die Tochter ist verärgert, weil sie denkt, dass die Hilfe zu spät kommt. Rolf erklärt ihr: „Wenn bei Ihrer Mutter akute Lebensgefahr besteht, rufen Sie die 112!"

Als der Arzt und Rolf in die blitzsaubere Wohnung eintreten, wird ihnen ein Rottweiler entgegenstürmen. Der Arzt befiehlt: „Sperren Sie den Hund ins Bad, oder wir verlassen die Wohnung!" Die Tochter schaut böse und erledigt die Anweisung.

Der Mediziner untersucht die anfänglich erschütterte Patientin, die trotz ihres Alters einfache Fragen beantworten kann. Die Tochter fragt besorgt: „Warum ist meine Mutter in so kurzer Zeit so schwach geworden?" Der Arzt erklärt ihr die Altersschwäche und die verschiedenen Ursachen, die dazu führen können.

„Die Altersschwäche ist ein natürlicher Prozess, den jeder erlebt, wenn er älter wird. Forscher haben herausgefunden, dass die meisten Senioren nicht direkt an Altersschwäche sterben, sondern an anderen Erkrankungen, die bei älteren Menschen häufiger auftreten. Ich muss Ihre Mutter ins Krankenhaus überweisen, damit sie sich stabilisieren kann", schließt der Arzt.

Die Tochter dreht sich verärgert um: „Warum am Freitagabend? Da wird sowieso nichts mehr getan

in der Klinik!" Der Arzt vermeidet ein verbales Auf-
einandertreffen und lässt sich von der Tochter un-
terschreiben, dass sie sich weigert, ihre Mutter ins
Krankenhaus zu überweisen.

Auf dem Weg ins Auto bemerkt Rolf: „Die Frau
scheint vom Leben frustriert zu sein. Ihre hohen
Erwartungen belasten nicht nur sie, sondern auch
andere um sie herum."

Nasenbluten.

Es ist 18 Uhr nach der Zeitumstellung. Die untergehende Sonne zieht die Dunkelheit herauf, während ein leichter Wind um die müden Blätter in dem Wäldchen vor der ärztlichen Notrufzentrale säuselt.

Rolf wirft 50 Cent in den Schlitz des Kaffeeautomaten und wählt Kaffee mit Milch. Wie immer schmeckt das Getränk nach aufgewärmtem, abgestandenem Wasser.

Plötzlich läutet das Telefon. Auf dem Display erscheint der Hinweis „Anonym". Eine ältere Frauenstimme ertönt ohne Vorstellung: „Kommen Sie schnell, mein Mann hat Nasenbluten!" Bevor Rolf ihre Daten notiert, antwortet er: „Sofern bei Nasenbluten keine Anzeichen für eine Kopfverletzung oder einen anderweitigen Notfall vorliegen, empfehlen wir folgende Sofortmaßnahmen, bis wir eintreffen:• Aufrecht hinsetzen oder den Oberkörper (zumindest den Kopf) hochlagern, um den Blutdruck im Kopf zu senken.

• Den Kopf nach vorn neigen, damit das Blut abfließen kann."

Als der diensthabende Arzt und Rolf vor dem Haus des Patienten ankommen, steht die Haustür offen, und sie treten ein. Das Wohnzimmer, üppig mit Möbeln, Teppichen, Sesseln und Sofas ausgestattet, ist von Tabakrauch durchzogen. Das Ehepaar scheint Kette zu rauchen. Die Frau des Hauses sitzt mit einer Zigarette in der Hand im Sessel und zeigt mit der rechten Hand auf den Sessel in der Ecke: „Da sitzt er den ganzen Tag und wartet darauf, dass ich ihm das Frühstück, das Mittagessen und das Abendessen serviere. Zwischendurch geht er aufs Klo. Der Kerl war in seiner Blütezeit ein bekannter Sportler."

Der Arzt begrüßt den Patienten und drückt minutenlang die Nasenflügel mit Daumen und Zeigefinger zusammen. Rolf verlangt von der Ehefrau einen Waschlappen, den er mit Eiswürfeln aus dem Kühlschrank füllt. Den kalten Waschlappen legt er in den Nacken. Durch die Kälte ziehen sich die

Blutgefäße reflexartig zusammen, sodass das Bluten aufhört.

Der Arzt erklärt den Anwesenden: „Der Auslöser für das Nasenbluten ist eine Verletzung der feinen Blutgefäße in der gut durchbluteten Nasenschleimhaut. Im vorderen Bereich der Nase treffen mehrere Blutgefäße aufeinander. Daher entstehen dort die meisten Blutungen. Die Ursachen können sowohl lokal, also in der Nase und den Nasennebenhöhlen, als auch systemisch bedingt sein, etwa als Symptom einer Erkrankung, einer körperlichen Entwicklungsphase oder als Nebenwirkung von Medikamenten.“

Lokale Ursachen:

Oft genügen Kleinigkeiten wie Nasenbohren oder kräftiges Schnäuzen, um Nasenbluten auszulösen. Begünstigt wird dies durch eine vorgeschädigte Nasenschleimhaut, beispielsweise durch:

- Klimaanlagen im Sommer

- Überhitzte Räume im Winter.

„Ihr Wohnzimmer ist überheizt und verqualmt. Darin würde ich keine 24 Stunden überleben", bemerkt der Arzt. Er misst Puls, Blutdruck und Herzschläge und sagt: „Alles im positiven Bereich. Eine weitere Ursache für Nasenbluten können Veränderungen an der Nasenscheidewand sein, etwa Eiteransammlungen, kleine Risse oder Löcher. In seltenen Fällen können auch Tumoren in der Nase Grund für das Nasenbluten sein."

Systemische Ursachen:

Zu den systemischen Auslösern zählen Gefäß- und Kreislauferkrankungen wie Arteriosklerose oder Bluthochdruck sowie Nierenerkrankungen. Fieberhafte Infektionen wie Grippe oder Masern können zur verstärkten Durchblutung der Nasenschleimhäute und damit eventuell zu Blutungen führen. Gleiches gilt für Schleimhautentzündungen aufgrund von Erkältungen oder Allergien. Menschen mit einer Blutgerinnungsstörung, einer angeborenen Funktionsstörung der Blutplättchen, Leukämie oder der vererbbaren Gefäßerkrankung Morbus Osler neigen ebenfalls zu häufigem Nasenbluten.

Sogenannte Blutverdünner führen zu einer erhöhten Blutungsneigung und können somit Nasenbluten verursachen.

„Wir warten eine halbe Stunde. Wenn das Nasenbluten heute Abend oder in der Nacht erneut auftritt, rufen Sie bitte den Rettungsdienst unter der Nummer 112 an. Am besten sollten Sie morgen zu Ihrem Hausarzt gehen und mit ihm den Vorfall besprechen."

Beim Hinausgehen sagt der Arzt: „Sie sollten das Zimmer nicht ständig überheizen und nicht so viel rauchen!" Wütend keift die Angesprochene zurück: „Das geht Sie einen Scheißdreck an! Mein ganzes Leben musste ich mir von anderen Ratschläge anhören! Das ging bereits im Kindergarten los!"

Der Arzt spricht unbeirrt weiter: „Beim nächsten Mal drücken Sie mit Zeige- und Mittelfinger zusammen, legen einen kalten Waschlappen oder ein Kühlpack in den Nacken oder auf die Nasenwurzel. Durch die Kälte ziehen sich die Blutgefäße reflexartig zusammen. Auf keinen Fall sollte der Kopf in den Nacken gelegt werden. Dann läuft das Blut in den Rachen und gelangt durch die Speiseröhre in den Magen. Das kann Übelkeit und Erbrechen auslösen und erschwert die Beurteilung der Blutungs-stärke. Das Zustopfen der Nase mit Taschentüchern, Watte oder Mullstreifen sollte vermieden werden, da die Gefahr besteht, dass die Wunde beim Entfernen der Stopfen aufreißt.

Versiegt der Blutstrom nicht innerhalb von 30 Minuten (bei Kindern nach zehn Minuten), rufen Sie den Rettungsdienst (Notruf: 112) an oder suchen Sie die Notambulanz einer HNO-Klinik auf. Dort können nach der Blutungsursache weitere Maßnahmen wie eine Tamponade oder das Veröden der verletzten Blutgefäße eingeleitet werden. Liegt dem Nasenbluten eine systemische Ursache zugrunde, ist die Therapie der Grunderkrankung unerlässlich. Bei einer Gerinnungsstörung kommen beispielsweise gerinnungsfördernde Medikamente zum Einsatz, bei Bluthochdruck blutdrucksenkende Mittel." Da die Blutungen aufhören, füllt der

Arzt vorsichtshalber beim Abschied eine Überweisung für das Krankenhaus aus.

Totenschein.

Es ist Mitternacht, als das Telefon in der Zentrale läutet; auf dem Bildschirm sieht Rolf die Nummer des größten Altenheims der Stadt. Statt seinen Namen zu nennen, begrüßt er die Nachtschwester Eva: „Was machst du nachts im Altenheim, statt den Männern in der Disco den Kopf zu verdrehen?" Sie lacht und antwortet: „Da hat mein Mann ein Vetorecht!"

Eva hätte als Model Karriere machen können, doch stattdessen hat sie mit 20 Jahren geheiratet und ist im Heim als Nachtschwester geblieben. Rolf und sie sehen sich ein- bis zweimal pro Woche, wenn er mit dem Doktor einen Totenschein ausstellen oder Untersuchungen vornehmen muss.

Die Nachtschwester sagt: „Vor 10 Minuten ist Frau Schreiber gestorben." Der Zentrallist sagt: „In drei Stunden, wenn die Totenflecken vermehrt auftreten, komme ich mit Dr. Strechner vorbei." Sie entgegnet: „Wie jedes Mal bekommt ihr von mir Kuchen, der vom Nachmittag übriggeblieben ist, und einen Becher Kaffee aus dem Automaten." Rolf scherzt: „Ich würde lieber morgen Nachmittag mit dir im Stadtcafé Torte essen!" Sie kontert: „Das würde meinem Mann nicht gefallen!"

Als der Zentrallist mit dem Doktor vor der verschlossenen Tür des Heimes steht, stellt Rolf die Zahlen am Türschloss ein, um die Pforte zu öffnen. Eva kommt ihnen lachend entgegen. Ihre weißen Zähne blitzen, als hätte der Zahnarzt sie vor einer Woche eingesetzt: „Der Kuchen steht auf dem Tisch. Den Kaffee ziehe ich gleich!"

Der Arzt sagt: „Ich bräuchte die Patientenakte, um die Todesursache zu ermitteln." Zu ihrer neuen Kollegin, die sie begleitet, sagt sie: „Die Mehrzahl der Todesfälle lässt sich wenigen Todesursachen zuordnen: Herz-Kreislauf-Erkrankungen, Krebs, Krankheiten der Atmungsorgane, Unfälle, Gewalteinwirkungen sowie Demenz."

Die Neue fragt den Arzt: „Wie entstehen Totenflecken?" Der antwortet: „Mit Eintritt des Todes hört das Herz auf zu schlagen und das Blut wird nicht mehr durch die Adern gepumpt. Die Schwerkraft sorgt dafür, dass das Blut im Körper nach unten sinkt, sich sammelt und in die Haut einsickert. Es entstehen kleinere hellrote Verfärbungen. Im Laufe der Zeit fließen diese zu größeren Flecken zusammen (sie konfluieren) und nehmen eine intensivere, blauviolette Farbe an."

Sie hakt nach: „Wie sehen die aus?" Rolf, der neben ihr läuft, erklärt: „Typischerweise haben Totenflecke eine bläuliche bis violette Färbung. Wird der Verstorbene in eine Kühlmöglichkeit überführt, wechselt ihre Farbe zurück in ein helles Rot. Die Größe der Totenflecken kann variieren; einzelne Flecken können die Größe eines Cent Stücks haben, während allmählich großflächige Verfärbungen auftreten, die vom Gesäß bis zu den Achseln reichen können."

Die Kuchenstücke stehen auf dem Tisch des Schwesterzimmers. Rolf geht mit dem Doktor ins Zimmer der Verstorbenen. Gemeinsam drehen sie die ausgemerkte Verstorbene um, um die Totenflecken zu erkennen und zu zählen. Viele Verstorbene in den Heimen sind abgemagert, als würden

sie Selbstmord auf Raten begehen, indem sie allmählich weniger essen und trinken. Bei Kaffee und
Kuchen füllt der Arzt den Totenschein aus. Rolf
fragt sich, warum ihm der Kuchen beim Ausstellen
eines Totenscheins so gut schmeckt. Eva hat vor
einer Stunde die Angehörigen informiert und sie
gebeten, sich mit einem Bestattungsunternehmen
in Verbindung zu setzen.

Seelenschmerzen.

Es ist Tagesschauzeit, als der diensthabende Arzt und Rolf ein neues Wohnbauviertel ansteuern. Wer dort gebaut hat, gehört vermutlich zum gehobenen Mittelstand. Üblicherweise führt ihr Weg sie zu den ärmsten Menschen, die in einer Welt ohne Bücher und Wohlstand leben.

Die Frau eines Patienten ruft an und sagt: „Mein Mann ist wieder einmal in ein tiefes Loch gefallen und klagt über Seelenschmerzen."

Rolf antwortet: „Wahrscheinlich haben Sie bereits die Erfahrung gemacht, dass seelische Probleme auch körperliche Symptome hervorrufen können.

Der Volksmund hat viele Redewendungen parat: 'Ein Problem liegt mir im Magen', 'Liebeskummer bricht mir das Herz', oder bei Ärger: 'Geht mir die Galle hoch.' Diese Ausdrücke verdeutlichen den engen Zusammenhang zwischen Körper (Soma) und Seele (Psyche). Beide beeinflussen sich wechselseitig. Am besten wäre es, wenn Sie sich morgen mit einem Psychiater in Verbindung setzen."

Im Bücherregal stehen Fachliteratur und die wichtigsten Romane der Welt. Der Hausherr, der am Tisch sitzt, zeigt auf das Drama von Romeo und Julia: „Das ist das einzige Buch, das jeder lesen sollte. Alle Probleme der Welt werden darin behandelt. Die anderen Schriftsteller variieren lediglich William Shakespeares und Kants Erkenntnisse!"

Der Patient schaut Rolf an und sagt: „Das ist bestimmt Ihr Fahrer! Was will der hier? Der hat von nichts eine Ahnung und ist froh, wenn er von A nach B kommt!" Seine Frau schimpft mit ihm: „Ralf, so geht man nicht miteinander um!" Der Arzt sagt: „Sie sollten keine Menschen unterschätzen. Mein Mitarbeiter hat in Bombay den Hinduismus studiert. Ich sehe Ihnen an, dass Ihre Psyche leidet. Sie wird belastet, wenn es dem Körper schlecht geht, etwa bei langanhaltenden Schmerzen oder chronischen Erkrankungen wie Asthma, Diabetes oder Herz-Kreislauf-Erkrankungen.

Umgekehrt spüren wir auch körperliche Auswirkungen, wenn es der Psyche schlecht geht – zum

Beispiel, wenn wir Angst haben, unter Stress stehen oder uns überfordert fühlen. Das liegt daran, dass zwischen Gehirn und dem restlichen Körper ein reger Austausch von Blut, Botenstoffen und elektrischen Signalen stattfindet. Das medizinische Fachgebiet der Psychosomatik befasst sich mit diesem Zusammenhang. Die psychosomatische Medizin betrachtet den Menschen ganzheitlich und widmet sich den Krankheiten und Beschwerden, die maßgeblich durch psychische und psychosoziale Faktoren verursacht werden.

Nicht alle unklaren körperlichen Beschwerden sind zwangsläufig psychisch bedingt. Oft erfordert die fachkundige Diagnose komplizierter Krankheitsbild-der viel Zeit und verschiedene Untersuchungsverfahren, sodass man nicht vorschnell von einem psychosomatischen Geschehen ausgehen sollte, wenn die Krankheitsursache nicht gefunden werden kann." Rolf fügt hinzu: „Etwa bei einem Drittel der Patientinnen und Patienten bestehen dauerhaft keine organischen Ursachen für bestehende Beschwerden. Es ist anzunehmen, dass bei ihnen psychische Faktoren eine wichtige Rolle bei der Entstehung und Aufrechterhaltung der Symptome spielen. In solchen Fällen spricht man von somatoformen Störungen, die unterschiedliche Erscheinungsformen haben können." Der Arzt ergänzt:

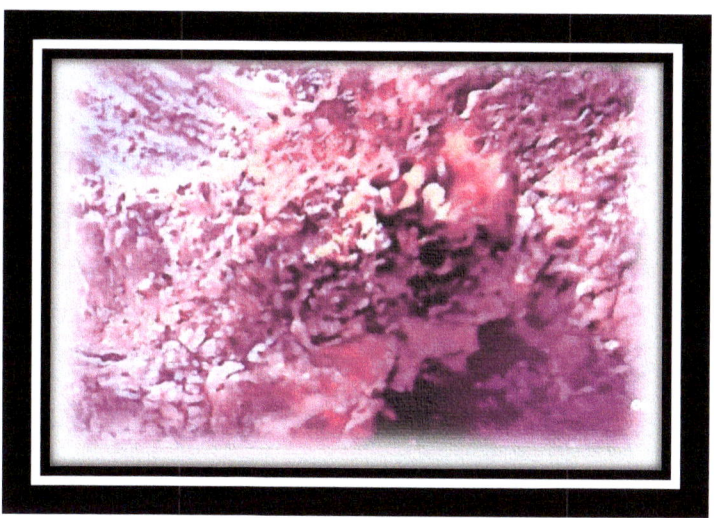

Lebensquelle.

„Viele körperliche Beschwerden haben psychische Ursachen. Einige Patientinnen und Patienten klagen über Herz- und Kreislaufprobleme: Sie verspüren ein Druckgefühl oder Stiche in der Brust, können nicht richtig atmen, und ihr Herz stolpert oder rast. Andere haben Magen- oder Darmprobleme: Ihnen ist ständig schlecht, der Bauch bläht sich auf oder schmerzt, sie leiden unter Sodbrennen, Durchfall oder Verstopfung. Viele werden von Schmerzen im Rücken, in Armen und Beinen, in den Muskeln oder im Kopf geplagt.

Einige sind chronisch erschöpft und ausgelaugt und fühlen sich energielos.

Auch Schwindelgefühle, Schweißausbrüche, Störungen der Blasenfunktion und Sexualstörungen gehören zu den somatoformen Störungen, bei denen körperliche Beschwerden dauerhaft auftreten, ohne dass eine organische Ursache oder Erklärung gefunden werden kann. Menschen, die derart leiden, haben eine Odyssee durch verschiedene Arztpraxen hinter sich und haben zahlreiche Diagnoseverfahren ergebnislos durchlaufen. Zu den Beschwerden gesellt sich oft die Angst, dass es sich um eine schlimme, seltene Krankheit handeln könnte, die bislang übersehen wurde. Studien zeigen, dass es bis zu sieben Jahre dauern kann, bis eine Diagnose gestellt wird."

Zum Abschluss sagt der Doktor: „Sie sollten sich um eine psychotherapeutische Behandlung bemühen, denn eine Therapie kann helfen, die Ursachen Ihrer Beschwerden aufzudecken. Chronische Anspannung, Überforderung, dauerhafte Angst, das Gefühl von Hilflosigkeit und Einsamkeit führen zu unterschiedlichen körperlichen Reaktionen: Sie belasten zum Beispiel den Stoffwechsel, das Immunsystem und die Organe. Diese Faktoren stören den Schlaf und führen zu einer Verkrampfung der Muskulatur.

Halten die Belastungen und die darauffolgenden organischen Reaktionen über längere Zeit an, können sich manifeste und andere körperliche Symptome entwickeln. Studien haben gezeigt, dass das Gefühl von Einsamkeit und sozialer Isolation das Risiko für Herzkrankheiten, Schlaganfall, Bluthochdruck, Lungenerkrankungen, Übergewicht, Diabetes und Krebserkrankungen erhöht.

Im Verborgenen spielen sich viele emotionale Konflikte, Kränkungen, Schuld- und Verlustängste ab. Oft nehmen wir sie nicht bewusst wahr und verdrängen sie, weil die Auseinandersetzung mit ihnen schmerzhaft wäre und praktische Konsequenzen erfordern würde. Verdrängung kann im Alltag ein bewährtes Mittel sein, um nicht ständig mit den Widrigkeiten des Lebens konfrontiert zu werden. Doch diese Verdrängung kann krankmachen: Körperliche Erkrankungen fungieren als Abwehrmechanismus der Psyche, um schmerzhafte Wahrheiten nicht ins Bewusstsein zu lassen. Ein schmerzhafter Körper kann an die Stelle von psychischen Konflikten treten und diese umgehen."

Der Doktor steht auf: „Wir müssen zum nächsten Patienten. Ich hoffe, Sie befolgen meine Ratschläge-ge. Mehr können wir nicht für Sie tun. Wir beide sind keine Psychiater." Seine Frau steht auf und gibt dem Doktor die Hand: „Vielen Dank für Ihre Mühe! Wir werden uns bemühen, Ihre Ratschläge umzusetzen. Sie haben uns geholfen. Danke!"

Erkältung.

Rolf ist um drei Uhr nachts auf der Rückfahrt von einem Patienten mit Panikattacken, als ihn die Zentrale des ärztlichen Notdienstes anruft: „Ein älterer Herr leidet nach einer langen Erkältung an akuter Bronchitis." Er notiert den Namen und die Adresse des Erkrankten und informiert den Arzt.

Der Arzt murmelt vor sich hin: „Zu Beginn treten die typischen Erkältungsbeschwerden auf: Kopf- und Gliederschmerzen, Halsschmerzen, Heiserkeit und Schluckbeschwerden, Schnupfen und Abgeschlagenheit. Bei jedem Erkrankten wird eine erhöhte Temperatur oder Fieber – eine Temperatur über 38,5 Grad, gemessen im After – festgestellt."

Als die Ehefrau die Tür öffnet und sie begrüßt, springt ihnen ein bellender Mischlingsrüde entgegen. Die Eigentümer sagen regelmäßig: „Der tut nichts!", während die Ärzte jedes Mal entgegnen: „Wenn Sie Ihren Hund nicht ins Badezimmer einsperren, gehen wir nach Hause."

Eine akute Bronchitis sollte nicht verschleppt werden. In der Folge stellt sich ein trockener Reizhusten ein, der nachts und morgens verstärkt auftritt. Dieser Husten ist oft von Brustschmerzen begleitet. Nach und nach bildet der Körper Schleim in den Bronchien, der zunehmend dicker wird und von den Betroffenen als zähflüssiger Schleim abgehustet wird. Der Husten mit Auswurf ist das typische Symptom einer akuten Bronchitis.

Sind die Bronchien durch die Virusbronchitis geschwächt, können sich auf dem gebildeten Schleim zusätzlich Bakterien ansiedeln. In diesem Fall kann eine Sekundär- oder Superinfektion entstehen. Eine akute Bronchitis sollte nicht ignoriert werden. Halten die Beschwerden länger als sieben Tage an oder werden sie stärker, sollte ein Arzt aufgesucht werden.

Eine sichere ärztliche Diagnose setzt eine sorgfältig-ge Untersuchung voraus. Der behandelnde Arzt fragt die Krankheitsgeschichte ab und inspiziert den Mund- und Rachenraum auf Hinweise auf ei-nen vorhergegangenen grippalen Infekt. Ein

Abklopfen und Abhören der Lunge liefert Informationen über Ort und Ausbreitung der Entzündung. Schwere Symptome erfordern möglicherweise weitergehende Untersuchungen, wie Röntgenaufnahmen oder Blutuntersuchungen, um einen Befall der Kiefern- oder Stirnhöhlen oder eine Lungenentzündung oder Asthma auszuschließen.

Die besorgte Ehefrau fragt: „Was können wir tun?" Der Mediziner antwortet: „Zum Glück klingt die Entzündung ab. Sollten sich die Schmerzen Ihres Mannes verstärken, kontaktieren Sie morgen seinen Hausarzt. In Zukunft sollten Sie gemeinsam mit Ihrem Mann Ihren Lebensstil ändern: Beginnen Sie mit vitaminreicher Ernährung und ausreichend Schlaf, um Ihre Immunabwehr zu stärken. Altbewährte Maßnahmen und Hausmittel können die Behandlung unterstützen, wenn es uns erwischt, wie zum Beispiel:

• Körperliche Ruhe – Sport vorübergehend pausieren, bei Fieber Bettruhe.

• Nicht rauchen.

- Ausreichend trinken – am besten Wasser und ungesüßte Tees; das hilft, festsitzenden Schleim zu verflüssigen.

- Hinweis: Bei einer Herz- oder Nierenerkrankung bitte die Trinkmenge mit einem Arzt absprechen.

- Wadenwickel bei erhöhter Temperatur und leichtem Fieber oder fiebersenkende Mittel. Fieber als Teil der körpereigenen Abwehrreaktion muss nicht grundsätzlich gesenkt werden."

Er öffnet seinen Arztkoffer und gibt ihr ein hustendämpfendes und ein schleimlösendes Mittel.

Beim Hinausgehen bedankt sich das Ehepaar. Der blumenzüchtende Hobbygärtner sagt zur Ehefrau: „Ihre Blumen auf den Fensterbänken sehen alle so traurig und vernachlässigt aus! Sie sollten sie besser düngen und klassische Musik vorspielen!"

Magen-Darm-Virus

Um 6:10 Uhr erhält die Notrufzentrale den ersten Anruf. Es ist die Mutter eines erkrankten Mädchens, die dem Arzt mitteilt, dass ihre Tochter sich mit einem Magen-Darm-Virus infiziert hat. Rolf, der Einsatzleiter, kontaktiert sofort den diensthabenden Arzt in der Hoffnung, dass die Krankheit nicht auf andere Menschen übertragen wird. Der Arzt kommt umgehend, um das Mädchen zu untersuchen.

Während er Puls, Blutdruck und Herztöne überprüft, wirkt das Mädchen, das normalerweise vor Lebensfreude strahlt, ernsthaft erkrankt. Der Arzt fragt es, wo es sich angesteckt hat, und das Mädchen antwortet mit schwacher Stimme, dass es keine Ahnung habe. Am Freitag war es in der Schule und mit seiner Freundin in der Stadt zum Bummeln.

Der Mediziner erklärt ihr: „Die Inkubationszeit, also die Zeitspanne zwischen der Ansteckung mit einem Erreger und dem Auftreten erster Symptom-me, kann variieren. Während der Inkubationszeit sind Infizierte ansteckend, auch wenn sie noch kei-ne Symptome zeigen. Bei gängigen Magen-Darm-Grippe-Erregern beträgt diese Zeitspanne:

- Norovirus: 6 bis 50 Stunden

- Rotavirus: 1 bis 3 Tage

- Salmonellen: 6 bis 72 Stunden (je nach aufgenommener Menge)

Das typische Symptom einer Magen-Darm-Grippe ist Brechdurchfall. Das Erbrechen tritt in der Regel vor dem Durchfall auf und klingt nach ein bis zwei Tagen ab, während der Durchfall länger anhalten kann – zwischen zwei und zehn Tagen. Bei einer Salmonelleninfektion dauert die Magen-Darm-Infektion in der Regel nur wenige Tage. Eine virale Magen-Darm-Grippe verläuft heftig, dauert jedoch meist nicht lange. Normalerweise normalisiert sich die Verdauung innerhalb von drei Tagen nach einer Noro- oder Rotavirus-Infektion."

Die Mutter fragt: „Wie lange ist man ansteckend?"
Der Arzt erklärt: „Eine infizierte Person kann auch
ohne Symptome ansteckend sein – das heißt,
während der Inkubationszeit. In dieser Phase sind
sich die Betroffenen oft nicht bewusst, dass sie infiziert sind, und sollten sich von anderen Menschen
fernhalten. Nach dem Abklingen der Symptome
scheiden Betroffene noch für einige Zeit Erreger
mit dem Stuhl aus und stellen ein Ansteckungsrisiko dar. Es gibt sogar Menschen, die über einen
längeren Zeitraum Erreger ausscheiden, obwohl
sie keine Symptome mehr haben.

Diese werden als Dauerausscheider bezeichnet
und sind sich ihres Zustands oft nicht bewusst,
was ein permanentes Ansteckungsrisiko für andere darstellt. Die Wahrscheinlichkeit, nach einer
Magen-Darm-Grippe Dauerausscheider zu werden, ist jedoch gering. Bei bestimmten Erregern,
wie beispielsweise Salmonellen, entwickelt sich bei
etwa einem bis vier Prozent der Erkrankten Durchfall. Das Alter kann ebenfalls eine Rolle spielen;

ältere Menschen neigen eher zu schwereren Verläufen als jüngere."

Der Arzt verabreicht dem erkrankten Mädchen Medikamente aus seinem Arztkoffer und empfiehlt der Mutter, zum Hausarzt zu gehen, falls es ihrer Tochter nicht bessergeht.

Die Mutter fragt weiter: „Was kann ich gegen die Magen-Darm-Grippe tun?" Der Arzt antwortet: „Wichtig ist, sich zu schonen und im Bett zu bleiben. Ich empfehle, Magen-Darm-, Fenchel- oder Kamillentee zu trinken und fettfreie Bouillon zu essen. Gut verträgliche Lebensmittel sind Bananen, Karottencremesuppe, Weißbrot, Haferschleim, Kartoffeln, Reis und Zwieback. Kaffee, Milchprodukte, Alkohol und kohlensäurehaltige Getränke sollten gemieden werden. Um eine Ansteckung zu vermeiden, ist regelmäßiges Händewaschen oberste Priorität – insbesondere nach dem Kontakt mit Tieren, Lebensmitteln oder erkrankten Personen. Gesunde und Erkrankte sollten, wenn möglich, Bad und Küche während der akuten Krankheitsphase getrennt nutzen. Außerdem ist es wichtig, die Räume regelmäßig zu reinigen und zu lüften. Erbrochenes oder Stuhlreste sollten sofort beseitigt werden, bei der Reinigung sollten Handschuhe getragen werden.

Erkrankte sollten keine Speisen für andere zubereiten. Bettwäsche, Handtücher und Waschlappen der erkrankten Person sollten bei 60 Grad Celsius gewaschen werden, und das genutzte Geschirr sollte in der Spülmaschine bei der höchsten Waschtemperatur gereinigt werden. Bei manuellem Geschirrspülen ist es wichtig, die Utensilien gründlich zu reinigen und die Schwämme, Lappen und Geschirrtücher heiß zu waschen.

Besonders für Senioren oder Menschen mit einem schwachen Immunsystem kann eine Magen-Darm-Infektion schwerere Verläufe annehmen. Säuglinge und Kleinkinder sind besonders anfällig für Flüssigkeitsverlust durch anhaltenden Durchfall. Wenn eine drohende Dehydratation festgestellt wird, sollten Risikopersonen umgehend ärzt-

liche Hilfe in Anspruch nehmen, da es zu Kreislaufproblemen und in schweren Fällen zu Nieren-ver-
sagen kommen kann. In solchen Fällen muss der
Flüssigkeitsverlust durch Infusionen behandelt
werden."

Der Arzt und Rolf wünschen dem erkrankten Mädchen gute Besserung und verzichten auf den
nächsten Patienten. Im Laufe des Tages steigt die
Anzahl der Einsätze auf 22, und Rolf ist am Abend
erschöpft. Er schläft vor dem Fernseher bei der Tagesschau ein und wacht um halb drei Uhr nachts
wieder auf.

Bronchitis.

Um 3 Uhr morgens ist Rolf auf dem Rückweg von einem Patienten mit Panikattacken, als er einen Anruf von der Zentrale des ärztlichen Notdienstes erhält. Ein älterer Herr leidet nach einer langen Erkältung an akuter Bronchitis. Rolf notiert den Namen und die Adresse des Patienten und teilt die Informationen dem Arzt mit.

Der Mediziner murmelt vor sich hin und erklärt: „Anfangs treten die typischen Erkältungssymptome wie Kopf- und Gliederschmerzen, Halsschmerzen, Heiserkeit, Schluckbeschwerden, Schnupfen und Abgeschlagenheit auf. Manchmal kann auch eine erhöhte Körpertemperatur oder Fieber auftreten, das mit einer Temperatur über 38,5 Grad im After gemessen wird."

Als die Ehefrau die Tür öffnet, um ihn zu empfangen, schleicht eine Perserkatze um ihre Beine und wartet darauf, gestreichelt zu werden. Der Arzt stellt sich beim Patienten vor und prüft Puls, Blutdruck und Herzschlag. Er bemerkt, dass durch die

Abwehrreaktion des Körpers Schleim in den Bronchien gebildet wurde. Dieser wird dicker, und die Betroffenen husten ihn als zähen Schleim ab.

Wenn die Bronchien durch die Virus-Bronchitis geschwächt sind, können sich Bakterien auf dem gebildeten Auswurf ansiedeln. Dies kann zu einer sekundären oder superinfektiösen Bronchitis führen, da Bakterien hauptsächlich geschwächte Bronchien befallen. Eine akute Bronchitis sollte nicht verschleppt werden.

Im Laufe der Krankheit entwickelt sich ein trockener Reizhusten, der nachts und morgens nach dem Aufwachen häufig stärker wird. Bei einer akuten Bronchitis handelt es sich um einen Husten mit Auswurf. Wenn die Bronchien durch die Virus-Bronchitis geschwächt sind, können sich zusätzliche Bakterien auf dem gebildeten Schleim ansiedeln. Dies kann, wie bereits erwähnt, zu einer sekundären oder superinfektiösen Bronchitis führen.

Wenn die Symptome länger als sieben Tage anhalten oder sich verschlimmern, sollte unbedingt ein

Arzt aufgesucht werden. Eine genaue ärztliche Diagnose erfordert eine sorgfältige Untersuchung. Zu Beginn wird die Krankheitsgeschichte erfragt, und Mund- und Rachenraum werden auf Anzeichen ei-nes vorangegangenen grippalen Infekts überprüft. Eine Untersuchung der Lunge durch Abklopfen und Abhören gibt Aufschluss über Ort und Ausbreitung der Entzündung. Bei schweren Symptomen können weitere Untersuchungen notwendig sein, wie Röntgenaufnahmen oder Blutuntersuchungen, um eine Beteiligung der Kiefer- oder Stirnhöhlen, eine Lungenentzündung oder Asthma auszuschließen.

Die besorgte Ehefrau fragt: „Was können wir dagegen tun?" Der Arzt antwortet: „Wenn sich die Schmerzen Ihres Mannes verstärken, sollten Sie morgen Ihren Hausarzt kontaktieren.

In Zukunft müssen Sie mit Ihrem Mann an seinem Lebensstil arbeiten: Achten Sie auf eine vitaminreiche Ernährung und ausreichend Schlaf. Das stärkt das Immunsystem. Altbewährte Hausmittel können ebenfalls hilfreich sein, beispielsweise:

- Körperliche Ruhe und eine vorübergehende Pause vom Sport; bei Fieber ist Bettruhe angezeigt.

- Nicht rauchen.

- Ausreichend trinken, am besten Wasser und ungesüßte Tees, um festsitzenden Schleim zu verflüssigen. Hinweis: Bei Herz- oder Nierenerkrankungen sollte die Trinkmenge mit einem Arzt abgesprochen werden.

- Wadenwickel bei erhöhter Temperatur und leichtem Fieber oder fiebersenkende Mittel. Es ist nicht notwendig, Fieber grundsätzlich zu senken, da es auch Teil der körperlichen Abwehrreaktion ist."

Der Arzt öffnet seine Arzttasche und gibt der Ehefrau ein hustenstillendes sowie ein schleimlösendes Medikament. Beim Verlassen bedankt sich das Ehepaar. Der Hobbygärtner, der gerne Blumen züchtet, bemerkt zu der Ehefrau: „Ihre Blumen auf

den Fensterbänken sehen alle so traurig und ver-
nachlässig aus. Sie sollten sie öfter streicheln und
mit ihnen sprechen!"

Randale.

Rolf ist mit Dr. Strechner unterwegs. Es ist Nacht und Herbstanfang. Die ersten braunen Blätter rascheln im Wind, der aus Westen weht und mit seinen Wasserwolken die kleinen Flüsse in Nordrhein-Westfalen flutet.

Als das Telefon klingelt und der Zentrallist die Daten des Erkrankten vernimmt, notiert er sie nicht. Der Hilfesuchende ist Alkoholiker und gehört zu seinen Stammkunden. Menschen trinken Alkohol beispielsweise aus Genuss, im Streben nach Vergnügen oder aufregenden Erlebnissen, als Bewältigungsstrategie, um mit Ängsten, schlechten Gefühlen und Stress umzugehen. In geringen Mengen wirkt Alkohol entspannend, angstlösend und stimulierend. Ein weiterer Beweggrund für den Alkohol-konsum sind soziale Einflüsse, die auf mehreren Ebenen wirken: Die gesellschaftlichen und kulturellen Normen spielen eine entscheidende Rolle. In Deutschland ist Alkoholkonsum weitge-

hend akzeptiert und in zahlreiche Traditionen ein-
gebunden. Am Geburtstag wird zum Beispiel mit
Sekt angestoßen.

• Auch das familiäre und soziale Umfeld, wie
Freundeskreise, Schule und Arbeitsplatz, beein-
flussen das Trinkverhalten. Beispielsweise trinken
Menschen auf Feiern oft gemeinsam Alkohol.

• Manche Menschen konsumieren Alkohol,
weil sie befürchten, aus einer bestimmten Gruppe
ausgeschlossen zu werden.

Als sie nach dem Klingeln ins Haus eingelassen
werden, umwehen sie sofort Rauchschwaden von
selbstgedrehten Zigaretten. Am Couchtisch sitzen
drei ungepflegte, etwa fünfzig Jahre alte Männer
mit derben Händen und schadhaften Zähnen. Ihre
Gesichter sind aufgequollen. Auf und vor dem
Tisch stehen leere Bierflaschen. Ein Kasten mit
vollen Bierflaschen steht auf einem Serviertisch.

Dr. Strechner stellt sich vor und begrüßt die Männer. Einer von ihnen sagt: „Arzt wollte ich auch
einmal werden!" Rolf deutet dem Arzt mit einem

Finger vor dem Mund an, nicht darauf zu reagieren, um einen Streit zu vermeiden. Doch der ehemalige Chirurg scheut keine Auseinandersetzung und höhnt: „Warum bist du es nicht geworden?" Wütend antwortet der Alkoholiker: „Weil ich nicht wie du aus einem reichen Haus komme! Dir wurde bis heute der Zucker in den Arsch geblasen!"

Nach einem Zögern erwidert der Arzt: „Mein Vater war Bergmann und ich habe in den Semesterferien im Bergbau gearbeitet." Der wütende Trinker springt auf und schreit: „Ihr Emporkömmlinge seid die schlimmsten Typen! Ihr macht uns Normalos Vorwürfe und seid die Weltmeister darin, andere zu belehren!

Seht her, wenn man will, kann es jeder schaffen!" Er droht, eine leere Bierflasche nach dem Doktor zu werfen. Sein Sitznachbar hält ihn zurück: „Bist du verrückt? Ich will nicht deinetwegen-gen in den Knast!"

Der Arzt nimmt seinen Koffer vom Stuhl und sagt zu Rolf: „Komm, wir hauen ab, ansonsten fliegt mir gleich eine Flasche an den Kopf."

Im Flur sagt Rolf zu ihm: „Was, wenn er uns wegen unterlassener Hilfeleistung anzeigt?" Der Arzt antwortet: „Die sollen froh sein, dass ich sie nicht anzeige. Ich hasse die langen Vernehmungen der Polizei. Ich kenne den, der zeigt uns nicht an. Die Energie bringt er nicht mehr auf. Sterben wird der in zwei, drei Monaten mit Sicherheit!"

„Als ich meine Praxis hatte, habe ich ihn mehrmals in eine Entzugsanstalt eingewiesen und ihm erklärt, dass Alkohol ein Zellgift ist. Nimmt man ihn auf, verteilt er sich im ganzen Körper. Manche Organe sind empfindlicher für die Wirkung von Alkohol als andere, beispielweise das Gehirn. Dort beeinflusst Alkohol verschiedene Botenstoffe, die für die Übermittlung von Informationen zwischen Nervenzellen zuständig sind. Alkohol wirkt hemmend oder dämpfend auf die Informationsübertragung. Die Wahrnehmung und das Reaktionsvermögen sind verlangsamt, wenn man Alkohol getrunken hat.

Durch die Aufnahme von Alkohol wird über einen Einfluss auf Botenstoffe das Belohnungssystem im

Gehirn aktiviert. In geringen Mengen wirkt Alkohol stimmungsaufhellend, entspannend und angstlösend-send. Ein Wohlgefühl entsteht. In großen Mengen wirkt Alkohol betäubend. Die hemmende Wirkung lässt in der Regel nach, wenn der Alkohol im Kör-per abgebaut ist.

Alkohol beeinflusst die physiologischen Prozesse im Gehirn. Das Gehirn „merkt" sich, wie Alkoholkonsum in einer bestimmten Situation, z. B. entspannend gewirkt hat. In dem Fall kann ein Geruch oder eine bestimmte Person, die an eine solche Situation erinnert, das Verlangen nach Alkohol auslösen. Man spricht von Konditionierung.

Die Leber übernimmt viele wichtige Funktionen innerhalb unseres Stoffwechsels. Dabei denkt man selten an die Leber, wenn es um die wichtigsten Organe im Körper geht. Ein Leben ohne sie ist jedoch unmöglich, denn sie ist nicht nur für die Entgiftung verantwortlich – mit ihrer Hilfe werden auch Nährstoffe aus der Nahrung in für den Körper nutzbare Stoffe verwandelt und gespeichert."

Es ist ein heißer Julitag, als Rolf mit einem anderen Arzt zu dem Alkoholiker fährt. Nachbarn des Trinkers hatten angerufen und beanstandet, dass ein bestialischer Leichengeruch sich über die Straße verbreitet. Als sie vor dem Haus eintreffen, ist die Kriminalpolizei bereits anwesend. Sie müssen feststellen, ob ein Verbrechen stattgefunden hat. Der Arzt setzt eine Atemmaske auf und untersucht die Todesursache sowie den Totenschein.

Einsamkeit.

Seit einem Jahr leidet Dorothea an Angststörungen und Panikattacken. Sie sitzt beim Hausarzt. Dieser sagt: „Ihre Einsamkeit verstärkt Ihre Angsterkrankungen und die Luftnotattacken. Sie sollten sich einer Gruppe der Caritas oder AWO anschließen oder bei einem eingetragenen Verein ehrenamtlich tätig werden!"

Dorothea schafft es jedoch nicht, ihre Einsamkeit zu überwinden. Ein- bis zweimal in der Woche, wenn ihre Einsamkeit um Mitternacht Luftnotattacken auslöst, ruft sie den ärztlichen Notdienst an. Die Anwesenheit des Arztes und seines Helfers bereitet ihr Gänsehaut. Wenn der Doktor sie beim Verabreichen der Spritze berührt, empfindet sie ein Wohlgefühl.

Rolf, der Assistenz des Arztes, der bereits bei mehreren Besuchen bei ihr gewesen ist, sagt jedes Mal: „Ich gehe davon aus, dass eine körperliche Ursache für Ihre Atemnot ausgeschlossen ist. Mit 69 Jahren sind Sie organisch fit. Auch wenn Ihre

Beschwerden nicht real sind, müssen wir sie ernst nehmen."

Der Arzt nickt zustimmend und erklärt: „Bei Attacken hilft bewusstes Atmen. Das hilft, Spannungen im Körper und somit psychisch bedingte Atemnot abzubauen. Durch unseren Atem können wir direkten Einfluss auf unser vegetatives Nervensystem nehmen und gezielt körperliche Reaktionen auf Stress sowie Angst und Ärger regulieren. Es trägt zu psychischer Entspannung bei. Tiefes Atmen in den Bauch kann den Körper entspannen und ihn besser mit Sauerstoff versorgen, da das Zwerchfell, ein wichtiger Muskel im Körper, aktiviert wird. Das Zwerchfell besteht nicht nur aus Muskeln, sondern auch aus Sehnen und trennt Brust- und Bauchraum. Es ist der wichtigste Atemmuskel des Körpers. Wenn es richtig eingesetzt wird, erhöht sich der Sauerstoffgehalt im Blut. So können Sie eine Atemblockade lösen.

Entlastung im Stehen.

Diese Übung ist hilfreich, wenn Sie merken, dass die Atemnot akut wird. Sie hilft Ihnen, freier zu atmen und reduziert die Panik. Stellen Sie sich an einen Ort, an dem Sie die Arme gut abstützen können, z. B. an eine Wand. Wichtig ist, dass Ihre Schultern entlastet sind und Ihr Bauch frei ist. Richten Sie Ihre Aufmerksamkeit auf die Atmung. Atmen Sie langsam und gleichmäßig durch die Nase ein und aus. Bleiben Sie lange in dieser Haltung, bis Sie feststellen, dass Ihre Atmung ruhiger wird.

Lippenbremse.

Die Atemtechnik der Lippenbremse hilft, die Atemmuskulatur zu stärken, die Atemwege zu weiten und sie zu stabilisieren, indem der Atemstrom abgebremst wird. Rolf ergänzt: „Sie sind mit Ihren 67 Jahren körperlich gut drauf. Bei der Tafel suchen sie dringend Personen, die bei der Lebensmittelausgabe helfen."

Frau Sommer antwortet: „Ich bin zu schüchtern. Ich fürchte, dass mich die Hilfesuchenden nicht ernst nehmen."

Rolf erwidert: „Ich gehe morgen mit Ihnen zur Tafel. Ich kenne die Verantwortliche. Gemeinsam mit ihr bedienen wir die bedürftigen Menschen. Sie werden sehen, dass die Frauen, Männer und Kinder Ihnen dankbar anlächeln. Diese Dankbarkeit wird Ihre Seele erwärmen. Sie schaffen das!"

Zögernd nickt sie und lächelt anspielungsweise: „Wenn Sie mir helfen, kann nichts schiefgehen!"

Beim Hinausgehen sagt der Doktor: „Das Wichtigste im Leben ist, dass man sich traut und die Herausforderungen annimmt. Es gibt viele Menschen, die sich davor drücken!"

Beim Abschied sagt Frau Sommer zu den beiden: „Vielen Dank. Sie haben mir geholfen!"

Offene Wunde.

Es ist 3:30 Uhr nachts, als Dr. Strechner und Rolf von einer Patientin kommen. Zwischen 3 und 5 Uhr nachts rufen die meisten Erkrankten an. Sie beschließen, abzuwarten, statt nach Hause zu fahren und umzukehren. Viele Menschen leiden in ihrem Leben an Schlafstörungen. Manche können schlecht einschlafen, wachen nachts auf und finden nicht mehr zurück in den Schlummer. Ihre Krankheiten machen sich schmerzhaft in der „Stunde des Wolfes" bemerkbar.

Der Doktor beabsichtigt, sein altes Auto zu verkaufen und ein neues zu kaufen. Sie fahren zu einem großen Autohaus und besichtigen die neuesten Fahrzeuge in den beleuchteten Schaufenstern. Der Doktor kann sich nicht entscheiden: „Im Auto musst du so wie auf dem Klo sitzen können."

Plötzlich klingelt das Telefon. Rolf fragt die ältere Dame, die über die Schmerzen in der offenen Wunde an ihrem rechten Bein geklagt hat, nach ihrem Namen, ihrer Adresse und ihren Vorerkrankungen. Als sie vor dem Haus halten, holt Rolf den Notfallkoffer aus dem Kofferraum.

Da die Haustür nur angelehnt ist, treten sie in den Flur und dann in das geräumige Wohnzimmer des Altbaus ein, in dem an allen vier Wänden Landschaftsbilder in Chippendale-Rahmen hängen.

Plötzlich steuert ein Gelbstirnamazonenpapagei auf Rolf zu. Er duckt sich und wehrt ihn mit den Händen ab. Die Patientin ruft mehrmals hintereinanderder, als wäre der Vogel ein Baby: „Hans, lass doch den guten Mann in Ruhe, der tut uns nichts. Der will uns helfen."

Der allwissende Arzt scherzt: „Der ist eifersüchtig auf unseren jugendlichen Helden."

Frau Schneider nickt: „Jeden Tag, wenn mein verstorbener Mann von der Arbeit heimkam, musste ich das Tier in ein anderes Zimmer verfrachten. Es handelte sich um einen Fall von Eifersucht bei einem menschengeprägten Vogel. Das ist nicht selten, sondern die Regel bei handaufgezogenen Vögeln. Die geselligen Tiere betrachten den Menschen mangels Artgenossen als ihresgleichen. Sie erwarten Nachwuchs und Eiersegen."

Sie sperrte den Vogel ins Gästezimmer und zeigt beim Rückkehr dem Doktor die tiefe, schmerzhafte Wunde an ihrem rechten Bein. Routinemäßig kontrolliert er Puls, Blutdruck und hört die Herztöne ab. Rolf öffnet den Notfallkoffer und scannt, wie bei jedem Hilfesuchenden, die Krankenkarte ein.

Der Mediziner sieht sich die Wunde an und sagt: „Der Fachausdruck dazu ist eine schlecht heilende Wunde, meistens im Bereich des Innenknöchels, umgangssprachlich auch Ulcus cruris, häufig ‚offenes Bein' genannt. Offene Beine sind zu etwa 80 Prozent durch eine Venenschwäche bedingt oder zumindest damit verbunden. Die Ursache der übrigen 20 Prozent sind zur Hälfte arterielle Durchblutungsstörungen und zur anderen Hälfte vielfältige andere Erkrankungen, wie zum Beispiel rheumatische Entzündungen."

Frau Schneider fragt: „Wie konnte es dazu kommen? Ich ernähre mich gesund und bin bis zu meiner Verletzung jeden Tag ausgiebig mit meinem

Hund spazieren gegangen. Wie entwickeln sich die Symptome?"

Der Doktor antwortet: „Die offenen Beine stehen am Ende einer Reihe von Symptomen, die sich über mehrere Jahre allmählich entwickeln. Die ersten Anzeichen einer Venenschwäche sind schwere, „müde" Beine und Schwellungen am Ende eines langen Tages.

Mit der Zeit entwickelt sich eine spürbare Verhärtung von Haut und Unterhautfettgewebe. Dies ist ein Zeichen, dass bleibende Schäden im Gewebe entstanden sind. Sichtbare Hinweise auf die Erkrankung sind eine verstärkte Pigmentierung der Haut mit braunen Flecken in den betroffenen Bereichen. Typische spinnwebenartige Gefäße am inneren Fußrand und am Innenknöchel deuten auf eine länger bestehende, fortgeschrittene Erkrankung hin.

Auf dem Boden des geschädigten Gewebes können sich als schwerste Form einer Venenschwäche geschwürartige und schlecht heilende Wunden entwickeln, die schmerzhaft sind. Ich werde Ihre

Wunde reinigen. Die wichtigsten Hinweise für den Arzt sind die Beschwerden des Patienten und das Aussehen des betroffenen Beines."

Der Arzt zieht den Strumpf weiter nach unten: „Gibt es zusätzliche Erkrankungen wie Diabetes oder Herzschwäche?" Sie nickt. Daraufhin sagt er: „Ich gebe Ihnen ein Schmerzmittel und bitte Sie, morgen zu Ihrem Hausarzt zu gehen!"

Sie beginnt zu weinen. „Was wird aus meinem Papagei? " Rolf fragt: „Haben Sie keine Verwandten?" Sie schüttelt den Kopf. Rolf sagt: „Bringen Sie das Tier vorübergehend ins Tierheim!"

Darauf hört sie auf zu weinen und fragt: „Wie kommt es zu Venenschwächen?" Der Doktor macht Notizen für ihren Hausarzt und antwortet: „Die häufigste Ursache für eine Venenschwäche sind Störungen der Venenklappen. Die zweite, seltener auftretende Ursache sind Thrombosen der Beinvenen. Vor allem bei wiederholten Thrombosen kann eine ererbte Thromboseneigung vorliegen."

Sie verabschieden sich: „Wir wünschen Ihnen alles Gute!" Sie bedankt sich mehrfach und holt den Vogel aus dem Badezimmer.

Stammkunden.

Es ist Sonntag, Mitte Mai, und die Sonne strahlt aus dem Osten über Nordrhein-Westfalen. Wie jeden Morgen versucht sie, mit einem freundlichen Lächeln die Menschen dazu zu bewegen, friedlich miteinander zu leben. Leider werden ihre Angebote für Frieden ignoriert, und enttäuscht wendet sie sich ab, in der Hoffnung, dass die Menschen eines fernen Tages harmonisch miteinander umgehen können.

Zitat: „Der Sinn des Lebens ist es, dem Leben einen Sinn zu geben!"

Der Protagonist, Rolf, wird durch das Klingeln des Telefons aus seiner Pause gerissen. Es gibt Menschen, die ein ganzes Leben lang mit Krankheiten kämpfen. Eine ältere Frau zum Beispiel, die regelmäßig den Arzt aufsucht und den ärztlichen Notdienst anruft, obwohl die Ärzte sie nur sporadisch besuchen.

Rolf fährt mit dem Fahrrad zur Zentrale, die am anderen Ende der Stadt liegt. Auf dem Weg passiert er Häuser, die er von innen kennt. Er hat ein Buch geführt und weiß, dass er bereits 1.350 Einsätze absolviert hatte. In seiner Krisenzeit fragt er sich, warum er den Job trotz des Mindestlohns ausübt. Die 450-Euro-Stelle benötigt er, um seine Miete zahlen zu können, da seine Bücher nicht genügend einbringen.

Am Ende der Welt.

Um zehn Uhr trifft er sich mit seinem Lieblingsarzt, der gut gelaunt ist und ihn zum Döneressen einlädt. Es kommt vor, dass sie bei dringenden medizinischen Fällen ihr Essen stehen lassen müssen.

An diesem Sonntag ruft eine 30-jährige Frau mit Depressionen um Rat und Hilfe an. Der Arzt ist in diesem Bereich kompetent, da er als Psychiater im Krankenhaus arbeitet.

Depressionen treten bei Frauen etwa doppelt so häufig auf wie bei Männern. Man vermutet, dass hormonelle Schwankungen sie anfälliger für die Krankheit machen. Viele Männer hingegen haben Schwierigkeiten, Schwächen zuzugeben und um Hilfe zu bitten, was oft dazu führt, dass Depressionen bei ihnen seltener erkannt werden. Männer zeigen häufig andere Symptome, etwa aggressives oder exzessives Verhalten.

Depressionen bei älteren Menschen haben altersbedingte Ursachen. Der Übergang in den Ruhestand und der Verlust der Arbeit können die Tagesstruktur, die Beschäftigung und das Selbstwertgefühl-fühl beeinflussen. Der zunehmende Verlust von körperlicher und sozialer Unabhängigkeit kann die Stimmung negativ beeinflussen. Wenn langjährige Hobbys nicht mehr ausgeübt werden können und die reduzierte Mobilität den Bewegungsspielraum einschränkt, können sich Betroffene sozial isoliert fühlen.

Rolf hat die genannte 30-jährige Frau bereits zweimal besucht. Er empfindet Mitleid mit ihr, da er aus der Nachbarschaft ihre einstige Schönheit kennt. Obwohl er normalerweise nicht schüchtern ist, hat sie ihm damals die Sprache verschlagen.

Der Arzt begrüßt die Frau freundlich und stellt sich vor. Er überprüft ihren Puls, Blutdruck und die Herztöne. Er fragt:

• „War Ihre Stimmung in den letzten Wochen niedergeschlagen oder gedrückt?"

• „Fühlen Sie sich in letzter Zeit energielos und müde?"

• „Haben Sie vermehrt Selbstzweifel, Schuldgefühle oder negative Gedanken?"

- „Leiden Sie unter Schlafstörungen?"

- „Hatten Sie Schwierigkeiten, sich in letzter Zeit zu konzentrieren?"

- „Hat sich Ihr Appetit verändert?"

Die Frau beginnt zu weinen und gesteht, dass ihre Stimmung seit einem Jahr im Keller sei. Ihre Antriebslosigkeit ist sogar ihrer Mutter aufgefallen. Selbstzweifel, Schuldgefühle und negative Gedanken plagen sie seit ihrer Scheidung."

Der Arzt unterbricht sie und deutet lächelnd auf Rolf. Er schlägt vor, dass sie einmal mit ihm spazieren gehen soll, da er in ihrer Nähe wohnt und ebenfalls allein ist. Verlegen antwortet sie: „Ich kenne ihn von früher, da erschien er mir zu unstet! Meine Freundin hat zu mir gesagt, dass er entweder erfolgreich oder ein Versager werden würde." Sie lachen gemeinsam.

Der Psychiater erklärt: „Körperliche Untersuchung-gen sind wichtig für die Diagnose. Dazu gehören unter anderem eine Blutuntersuchung und möglicherweise eine CT des Gehirns. Ein niedriger

Blutzuckerspiegel, Vitamin-B12-Mangel, Demenz, Schilddrüsenprobleme (meist eine Unterfunktion) und Veränderungen im Gehirn können ebenfalls Ursachen für depressive Symptome sein."

Die Frau nickt zustimmend und sagt, dass sie ihm vertraue. Sie vereinbaren einen Termin am Montagmorgen um 10 Uhr im Krankenhaus, damit der Arzt sie gründlich untersuchen kann.

Bei der Verabschiedung winkt die Frau ihnen mehrfach zu und ruft: „Vielen Dank!"

Reizhusten.

Es ist ein lauer Sonntagmorgen, Mitte Mai. In den Gärten arbeiten tagsüber die Bienen, Wespen und Hummeln emsig. Die Blüten an den Obstbäumen und Blumen freuen sich, von den Hautflüglern bestäubt zu werden, damit sie ihre Früchte und Samen bilden können.

Die erste Anruferin in der Notrufzentrale möchte eine Pille für danach verschrieben bekommen. Ihrer Nachbarin ist es peinlich, deshalb hat sie sie um Hilfe gebeten. Wie mehrmals in der Woche erklärt Rolf: „Tut mir leid, wir dürfen keine verschreiben!"

Der nächste Anrufer fühlt sich unwohl und möchte, dass man vorbeikommt, um ihn krankschreiben zu können. Der Zentrallist erklärt ihm: „Das dürfen wir nicht. Gehen Sie morgen früh zu Ihrem Hausarzt."

Die folgende Anruferin möchte wissen, welche Apotheke Notdienst hat. Herbert, ein Teilnehmer des Hausnotrufs, ist verzweifelt, weil Schalke verloren hat. Vor lauter Ärger hat er einen Reizhusten entwickelt.

Rolf druckt die Krankendaten des Teilnehmers aus und verständigt den diensthabenden Arzt. Der scherzt: „Warum hast du ihm kein Stadionverbot erteilt? Schalke ist nichts für kränkelnde Menschen."

Als er den Arzt von zu Hause abholt und dieser bei ihm im Bereitschaftswagen einsteigt, erzählt er: „Beim Reizhusten handelt es sich um einen Husten, der nicht von schleimigen Auswürfen begleitet wird, wie das bei einer Bronchitis der Fall ist. Der trockene Reizhusten tritt oft zu Beginn einer Erkältung auf, wie sie gerade bei den Jahreszeitenwechseln vorkommt. Häufig wird der Reizhusten von Heiserkeit begleitet. Wärme und körperliche Anstrengung können den Husten verschlimmern. Der Körper versucht, durch diesen Reflex Fremdkörper und Krankheitserreger aus den Atemwegen zu entfernen."

Als sie beim Erkrankten klingeln, bellt ein überdrehter Hund unentwegt. Bevor die Ehefrau die

Tür öffnet, ruft der Arzt: „Bitte den Hund einsperren!"

Der Arzt überprüft beim Patienten, der auf der Couch liegt und aussieht, als wäre er lebensmüde, den Puls, Blutdruck, die Herztöne und misst Fieber. Er sagt: „Sie hätten heute wegen Ihres grippalen Effekts nicht zum Sportplatz gehen dürfen!"

Die Ehefrau nickt ihm zu. „Das sagen Sie was, Herr Doktor! Auf mich hört der nicht: Zu seinem Schalke-Verein geht er noch mit dem Kopf unter dem Arm."

Der Mediziner schmunzelt: „Hören Sie demnächst auf Ihre Frau. Beispielsweise kann ein langanhaltend-tender Reizhusten ein Symptom für ein beginnendes Asthma bronchiale sein. Grundsätzlich wird der Husten als solcher nicht behandelt. Die Behandlung richtet sich vielmehr nach der Ursache des Hustens. Ihr Körper ist auf Erholung angewiesen, weshalb in vielen Fällen der Husten als Symptom behandelt wird. Bei einem trockenen Reizhusten wird der Arzt einen Hustenstiller verschreiben.

Für die Behandlung stehen verschiedene Wirk-stoffe zur Verfügung, die dämpfend auf das zent-rale Husten-reiz-Zentrum im Gehirn wirken und ihn unterdrücken."

Für den Hausarzt hat Rolf all die Ratschläge aufge-schrieben und liest ihm das Geschriebene vor. Der Arzt sagt zum Erkrankten: „Gehen Sie morgen zu Ihrem Hausarzt und nehmen Sie den Zettel mit meinen Aussagen mit!"

Im Badezimmer hört der Hund mit dem Bellen auf. Der Arzt und Rolf verabschieden sich und wün-schen dem Patienten gute Besserung. Seine Frau begleitet beide zum Ausgang und bedankt sich mehrmals.

Frieden.

Frieden ist das Gegenteil von Krieg. Im Frieden werden Streitigkeiten und Konflikte gewaltfrei, zum Beispiel durch Gespräche, geregelt. Für Gerechtigkeit in der Welt zu sorgen, bedeutet, Frieden zu schaffen. Allgemein steht das Wort für einen Zustand der Ruhe und Harmonie.

Eine Welt ohne Kriege und Gewalt, in der alles gerecht verteilt ist – Geld, Besitz, Nahrungsmittel, Rohstoffe und vieles mehr – ist eine friedliche Welt. In Frieden zu leben bedeutet, dass niemand hungern oder frieren muss. Menschen werden nicht unterdrückt oder aufgrund ihrer Herkunft oder Religion verfolgt oder diskriminiert.

Das ist eine Welt, in der die meisten Menschen gern leben würden. Leider erscheint uns diese Idee oft unerreichbar!

Wenn Streitigkeiten zwischen zwei Staaten bestehen, die sie nicht im Dialog klären können, kann ein Gericht darüber entscheiden. An das beschlossene Urteil müssen sich beide Parteien halten.

Nach einem überstandenen Krieg wird oft gesagt, dass es „zum Frieden gekommen" ist.

In den Religionen und im Glauben spielt der Frieden eine große Rolle. Viele gläubige Menschen finden ihren „inneren Frieden" in ihrem Glauben an Gott. Buddhisten suchen Ruhe und Glück in sich selbst. Obwohl jede Glaubensrichtung ein Konzept von Frieden hat, wurden und werden im Namen der Religionen und zur Erlangung von Macht viele Kriege geführt.

Erste-Hilfe-Ausbildung.

Die Erste-Hilfe-Ausbildung ist eine Schulung, die darauf abzielt, Menschen zu befähigen, in Notfallsituationen Hilfe zu leisten. Sie richtet sich an alle, die grundlegende Kenntnisse und Fähigkeiten erwerben möchten, um im Ernstfall schnell und angemessen reagieren zu können.

Die Ausbildung besteht aus verschiedenen Modulen, die in der Regel an einem oder mehreren Tagen durchgeführt werden. Zu den Inhalten gehören unter anderem der Umgang mit einem Notfallset, lebensrettende Maßnahmen wie die Herz-Lungen-Wiederbelebung (HLW) und die Behandlung unterschiedlicher Verletzungen und Krankheiten.

Die Ausbildung umfasst sowohl theoretische als auch praktische Elemente. In den theoretischen Einheiten lernen die Teilnehmerinnen und Teilnehmer die Grundlagen der Ersten Hilfe kennen, darunter das Erkennen von Notfallsituationen, das Anlegen von Verbänden, das Notrufverfahren und die Verwendung von Hilfsmitteln.

Darüber hinaus werden Themen wie der Umgang mit Schockzuständen und starken Blutungen behandelt, ebenso wie die Betreuung von Menschen in Not. Es wird auch darauf hingewiesen, dass gegebenenfalls weitere medizinische Hilfe eingeholt werden muss.

Die Ausbildung wird von speziell ausgebildeten Erste-Hilfe-Ausbildern durchgeführt, die nicht nur Fachwissen vermitteln, sondern auch praktische Fähigkeiten fördern. Ziel ist es, dass die Teilnehmerinnen und Teilnehmer am Ende der Schulung in der Lage sind, ihre erlernten Kenntnisse in einer realen Notfallsituation anzuwenden.

Die Gestaltung der Erste-Hilfe-Ausbildung kann je nach Land und Organisation variieren, doch gibt es allgemeine Richtlinien, die in den meisten Kursen abgedeckt werden. Um die Ausbildung aktuell zu halten und sich kontinuierlich weiterzuentwickeln, ist es empfehlenswert, regelmäßig Auffrischungskurse zu besuchen.

Die Erste-Hilfe-Ausbildung ist von großer Bedeutung, da sie sicherstellt, dass im Notfall schnell und professionell Hilfe geleistet werden kann. Das Wissen und die Fähigkeiten, die in der Ausbildung vermittelt werden, können entscheidend sein, um Menschenleben zu retten und Verletzungen zu minimieren. Daher ist es für jeden empfehlenswert, an einer Erste-Hilfe-Ausbildung teilzunehmen und seine Kenntnisse regelmäßig aufzufrischen.

Was tun bei einem Schwerverletzten?

Wenn Sie einen Schwerverletzten auf der Straße finden, sollten Sie folgende Schritte befolgen:

1.   Sichern Sie die Unfallstelle: Achten Sie darauf, dass der Verletzte oder Sie sich nicht in Gefahr befinden. Schalten Sie gegebenenfalls die Warnblinkanlage Ihres Fahrzeugs ein.

2.   Rufen Sie den Notruf an: Wählen Sie den Notruf (in den meisten Ländern ist dies die Nummer 112 oder 911) und geben Sie die genaue Lage sowie die Art der Verletzung an. Bleiben Sie am Telefon, um weitere Informationen zu geben und Anweisungen zu erhalten.

3.   Bleiben Sie beim Verletzten: Verlassen Sie den Verletzten nicht, bis professionelle Hilfe eintrifft. Vermeiden Sie es, den Verletzten zu bewegen, es sei denn, es besteht unmittelbare Gefahr.

4.   Erste Hilfe leisten (falls erforderlich): Wenn Sie über Erste-Hilfe-Kenntnisse verfügen, können Sie lebenserhaltende Maßnahmen durchführen,

wie zum Beispiel die Atemwege freizumachen oder Informationen über den Unfallhergang bereitzustellen.

Es ist wichtig, ruhig zu bleiben und schnell Hilfe zu holen, da dies oft lebensrettend sein kann.

Kreislaufprobleme.

Die Sonne versucht allmählich, den Nebel aufzulösen-sen. Der graue Alltag wandelt sich zu einem Tag voller Zuversicht.

Eine junge Frau ruft in der Zentrale des ärztlichen Notdienstes an: „Mir ist schwindelig. Wahrscheinlich habe ich Kreislaufprobleme wegen meines zu niedrigen Blutdrucks!" Rolf fragt nach: „Seit wann leiden Sie darunter?" Die Frau antwortet: „Seit meiner Pubertät. Mein Vater sagte immer, ich würde auf Sparflamme leben!"

Der Zentrallist entgegnet: „Bei einem dauerhaft erniedrigten Blutdruck kann es zu einer verminderten Leistungsfähigkeit, rascher Ermüdbarkeit und einer gestörten Konzentrationsfähigkeit kommen. Oft benötigen Betroffene am Morgen etwas länger, um „in die Gänge" zu kommen.

In den meisten Fällen gehen depressive Verstimmungen, innere Unruhe und Schlafstörungen damit einher." Menschen mit niedrigem Blutdruck leiden häufig unter kalten Händen und Füßen. Kreislaufprobleme sind vor allem bei jüngeren Menschen meist harmlos. Ein niedriger Blutdruck gilt als vorteilhaft, da er Herz und Gefäße schont.

Bei akuten Beschwerden ist es ratsam, sich hinzusetzen oder hinzulegen und die Beine hochzulegen, damit das Blut zurück zum Herzen fließen kann. Frische Luft einzuatmen oder kaltes Wasser über die Unterarme laufen zu lassen, kann ebenfalls helfen, den Kreislauf anzuregen. „Legen Sie sich entspannt hin und heben Sie die Füße hoch, wir kommen gleich vorbei."

Als der Arzt und Rolf ankommen, werden sie von einer schlanken, attraktiven Frau mit großen Kinderaugen begrüßt, die in ihnen die Beschützerinstinkte weckt. Sie lebt allein in einer bescheidenen Zweieinhalbzimmerwohnung, eingerichtet mit Möbeln eines bekannten Möbelhauses.

Anika setzt sich in den Sessel, während der Arzt ihren Puls, Blutdruck und Herzfrequenz misst. „Haben Sie eine Schilddrüsenüberfunktion?", fragt er. Die Frau schüttelt den Kopf: „Mit Zustimmung meines Arztes verzichte ich eine Zeit lang auf alle Medikamente."

Der Arzt entgegnet: „Das könnte eine gute Idee sein. Es gibt verschiedene nichtmedikamentöse Möglichkeiten, um eine Kreislaufschwäche entgegenzuwirken. Dabei spielt der persönliche Lebensstil eine wichtige Rolle:

•   Achten Sie auf eine ausgewogene Ernährung mit viel Obst und Gemüse sowie einer angemessenen Salzzufuhr – salzreiche Nahrung lässt den Blutdruck steigen. Zu viel Salz ist jedoch ungesund, also salzen Sie Ihre Speisen einfach ein wenig mehr.

•   Eine ausreichende Flüssigkeitszufuhr ist ebenfalls wichtig: Etwa 1,5 Liter pro Tag sollten es mindestens sein, am besten in Form von Mineralwasser oder ungesüßten Tee. An heißen Tagen oder bei körperlicher Betätigung kann der Flüssigkeitsbedarf höher sein.

•   Verzichten Sie auf Alkohol, da dieser die Gefäße zusätzlich weitet und den Kreislauf belastet.

- Koffein kann kurzfristig helfen, den Kreislauf anzuregen.

- Treiben Sie regelmäßig Sport – optimal sind zwei bis drei Mal pro Woche für 30 bis 60 Minuten. Aktivitäten wie Radfahren, Schwimmen oder Nordic Walking verbessern die Durchblutung und trainieren Herz und Gefäße.

- Wechselduschen, Saunabäder und Bürstenmassagen fördern ebenfalls die Durchblutung. Ein Tipp: Schließen Sie die morgendliche Dusche immer mit kaltem Wasser ab.

Vermeiden Sie bei großer Hitze anstrengende Aktivitäten und suchen Sie den Schatten auf. Wählen Sie außerdem lockere, atmungsaktive Kleidung, um Hitzestau zu vermeiden.

Da bei Kreislaufproblemen aufgrund von zu niedrigem Blutdruck das Gehirn nicht ausreichend mit Sauerstoff versorgt wird, können verschiedene Beschwerden auftreten. Zu den häufigsten Symptomen zählen Schwindel, Schwarzwerden oder Flimmern vor den Augen, insbesondere bei einem plötzlichen Blutdruckabfall. Im Extremfall kann eine Minderdurchblutung im Gehirn sogar zu kurzfristiger Bewusstlosigkeit führen. Typische Symptome sind auch Kopfschmerzen, Ohrensausen oder Herzklopfen. Die Beschwerden bessern sich in der Regel schnell von selbst, sobald sich der Blutdruck stabilisiert hat.

Die Frau fragt: „Welche Ursachen können zu Kreislaufproblemen führen?" Der Arzt antwortet: „Ein niedriger Blutdruck, medizinisch als 'arterielle Hypotonie' bezeichnet, ist an sich keine Krankheit. Erst wenn entsprechende Symptome auftreten, wird er zum Gesundheitsproblem. Man spricht von Hypotonie, wenn der systolische (obere) Blutdruckwert im Ruhezustand unter 100 mmHg liegt."

Rolf hat alle Ratschläge des Arztes notiert und sagt: „Geben Sie die Aufzeichnungen morgen Ihrem Hausarzt, der soll Sie im Krankenhaus durchchecken lassen. In Ihrem Alter wird Ihnen heute Abend nichts Ernsthaftes passieren."

Sie gehen zur Haustür, verabschieden sich und wünschen ihr eine gute Nacht. Sie bedankt sich und wünscht ihnen ebenfalls eine ruhige Nacht.

Rippenbruch.

Die Nacht begann mit starkem und kontinuierlichem Regen, der die Sträucher und Pflanzen im Garten zum Schütteln brachte. Sie hatten bereits seit acht Tagen mit Dauerregen zu kämpfen und drohten langsam, ihren Halt zu verlieren. Erst vor drei Wochen hatten sie unter der intensiven Sonne gelitten, die ihre Blätter verbrannt hatte.

Dieses Wetterphänomen ist ein Beispiel für den Klimawandel, über den die Meteorologen in den Abend-Talkshows klagen. Einige von ihnen nutzen diese Gelegenheiten auch, um ihre Bücher über den Klimawandel zu bewerben und so am Wohlstand teilzuhaben. Der Klimawandel ist eines der drängendsten Themen unserer Zeit, aber seine Existenz ist keineswegs neu.

Ein Blick in die Geschichte der Klimaforschung zeigt, dass die Zusammenhänge schon lange erkannt wurden und die ersten Warnungen vor dem vom Menschen verursachten Klimawandel bereits vor Jahrzehnten ausgesprochen wurden.

Bereits vor rund 200 Jahren beschrieb Joseph Fourier als Erster den Treibhauseffekt, der für das Vorhandensein eines gemäßigten und lebensfreundlichen Klimas auf der Erde entscheidend ist.

Rolf steuert als diensthabender ärztlicher Notarzt die Wohnung eines älteren Herrn im Süden der Stadt an. Die Ehefrau des Seniors hatte telefonisch Hilfe angefordert, da ihr Mann von der vorletzten Treppe im Flur gestürzt war und über starke Schmerzen klagte.

Der Zentrallist am Notruf möchte wissen, ob der Verletzte ansprechbar sei und ob er einfache Fragen beantworten könne, um mögliche Schäden am Gehirn auszuschließen. Nach einer kurzen Pause fragt er gezielt nach den Umständen des Unfalls und erkundigt sich nach den Schmerzen sowie deren genauer Lokalisation.

Die Ehefrau antwortet: „Mein Mann sitzt auf der letzten Treppe und kann normal sprechen, hat aber große Schmerzen an der rechten Seite des Brustkorbs!"

Hauskatze: R. Harler.

Als Rolf und der Arzt vor dem kleinen zweistöcki-
gegen Haus mit Spitzdach ankommen, bemerken
sie, dass es in früheren Zeiten ein Luxusanwesen
ge-wesen sein muss. Heutzutage hat das Grund-
stück einen beträchtlichen Wert, und im kleinen

Raum ist kein Platz für Luxusmöbel. Die Ehefrau begrüßt die beiden Helfer freundlich an der Haustür und bittet sie herein.

Beim Betreten des Hauses erzählt sie: „Ich habe mit meinem Mann in dieser bescheidenen Hütte vier Kinder großgezogen, und alle haben etwas aus ihrem Leben gemacht!"

Rolf bereitet seinen Notfallkoffer vor, während der verletzte Senior auf der Treppe sitzt. Der Arzt überprüft wie üblich Puls, Blutdruck und Herzfrequenz des Patienten.

Durch mehrfaches Abtasten und Nachfragen zu den stärksten Schmerzpunkten stellt der Arzt fest, dass der Patient zwei Rippen angebrochen hat: „Die Bruchstücke sind zum Glück nicht verschoben." Er gibt ihm ein Schmerzmittel aus seiner medizinischen Tasche und verschreibt ihm eine große Packung: „In den wenigsten Fällen ist bei einer einfachen, geschlossenen Rippenfraktur mit nicht verschobenen Bruchstücken eine Operation notwendig. Die umgebenden Muskeln im Brustkorb stabilisieren die Bruchstücke.

In der Regel können einzelne Rippenbrüche symptomatisch behandelt werden. Ein Gipsverband oder eine Bandage sind normalerweise nicht erforderlich. Schmerzmittel können helfen, alltägliche Bewegungen so normal wie möglich zu gestalten und nachts eine bequeme Schlafposition zu finden."

Rolf verfasst einen Bericht für den Hausarzt des Patienten, den dieser ihm vorlegen soll, und verabschiedet sich herzlich. Der Hausarzt sollte den Patienten gründlich untersuchen.

Gedächtnistraining.

Das Gedächtnistraining dient dazu, das Gedächtnis zu verbessern und zu trainieren, um die geistige Fitness sowie die kognitiven Fähigkeiten zu erhalten oder zu steigern. Es umfasst verschiedene Übungen und Techniken, die darauf abzielen, das Kurzzeitgedächtnis, das Langzeitgedächtnis, die Konzentration, die Aufmerksamkeit, das logische Denken und die allgemeine Denkleistung zu stärken.

Der Zweck des Gedächtnistrainings liegt darin, die geistige Leistungsfähigkeit zu erhalten und zu fördern. Mit zunehmendem Alter können Gedächtnisprobleme wie Vergesslichkeit oder verminderte Merkfähigkeit auftreten. Gedächtnistraining kann helfen, diese Probleme zu lindern und dem geistiggen Abbau entgegenzuwirken.

Es gibt verschiedene Gründe, warum Gedächtnistraining wichtig ist:

1.   Erhalt und Verbesserung der geistigen Fähigkeiten: Durch regelmäßige Übungen können

neuronale Verbindungen im Gehirn gestärkt werden. Dies führt dazu, dass das Gehirn Informationen besser aufnehmen, verarbeiten und speichern kann. Dadurch wird das Gedächtnis im Alltag verbessert und die Abruf- und Recall-Leistung gesteigert.

2.   Förderung von Konzentration und Aufmerksamkeit: Gedächtnistraining beinhaltet Übungen, die die Konzentration und Aufmerksamkeit fördern, wie beispielsweise das Finden von Zusammenhängen, das Erkennen von Mustern oder das Lösen von Rätseln. Durch die regelmäßige Ausführung solcher Übungen kann die Konzentrationsfähigkeit gesteigert werden, was sich positiv auf verschiedene Lebensbereiche auswirken kann.

3.   Vorbeugung gegen geistigen Abbau: Studien haben gezeigt, dass ein aktives Gehirn und regelmäßiges Gedächtnistraining das Risiko für geistigen Abbau und Demenz verringern können. Durch die Stimulation des Gehirns werden neue Verbindungen gebildet, und das Gehirn bleibt länger aktiv und flexibel.

4. Verbesserung der allgemeinen Denkleistung: Gedächtnistraining umfasst Übungen, die das logische Denken, die Problemlösungsfähigkeit und das abstrakte Denken fördern. Durch die fortlaufende Ausübung solcher Übungen können die kognitiven Fähigkeiten verbessert werden, was sich in vielen Lebensbereichen als nützlich erweisen kann.

5. Steigerung des Selbstvertrauens und der Lebensqualität: Regelmäßiges Gedächtnistraining und die Verbesserung der geistigen Leistungsfähigkeit können das Selbstvertrauen stärken. Eine bessere Erinnerungsfähigkeit und geistige Agilität tragen zu einer höheren Lebensqualität und besserem Wohlbefinden bei.

Der Autor des Buches ist unter anderem Gedächtnistrainer.

Krampfanfall.

Eine Tochter berichtet am Telefon, dass ihr Vater einen Krampfanfall erlitten hat. Rolf fragt nach verschiedenen Symptomen: „Hat er unwillkürliche, krampfende oder zuckende Bewegungen?"

Energisch antwortet sie: „Darum rufe ich an. Beeilen Sie sich! Ich kann nicht zusehen, wie er leidet."

Rolf versucht, ruhig zu bleiben, um keinen Streit zu provozieren. Er notiert Name und Adresse, informiert den Arzt und fährt mit ihm zum Patienten. Die Straße ist schlecht beleuchtet, und die Hausnummern sind unzureichend.

Die Tochter erwartet sie am Eingang. Der Arzt bemängelt: „Könnten Sie nicht eine Hausnummer anbringen?" Schlecht gelaunt kontert die Tochter: „Ich finde immer nach Hause!" Bevor der Arzt sie weiter beschuldigen kann, fragt Rolf: „Wie geht es Ihrem Vater?"

„Der liegt auf der Couch", antwortet sie. Der Arzt begrüßt den Patienten, misst Puls und Herzschlag und fragt den sichtlich erholten Mann: „Haben Sie Taubheitsgefühle in den Armen?"

Er schüttelt den Kopf: „Die hatte ich! Das ist vorbei."

Der Mediziner erklärt: „Ein Krampfanfall kann sich durch verschiedene Symptome äußern, die je nach Art und Ausprägung des Anfalls variieren. Dazu zählen unwillkürliche, krampfende oder zuckende Bewegungen, Kribbeln oder Taubheitsgefühle sowie Bewusstlosigkeit. In der Regel ist ein Krampfanfall innerhalb von weniger als zwei Minuten beendet. Nach längeren, generalisierten Anfällen fühlen sich die Betroffenen oft unwohl.

Die häufigste Ursache für Krampfanfälle ist Epilepsie, allerdings liegt nicht jedem Krampfanfall eine epileptische Erkrankung zugrunde. Es existieren auch Krampfanfälle, die nicht auf eine neurologische Störung im Gehirn zurückzuführen sind, sondern psychische Ursachen haben (zum Beispiel in extremen Stresssituationen). Dies bezeichnen Mediziner als psychogenen Krampfanfall.

Bei epileptischen Krampfanfällen sind die Nervenzellen (Neuronen) im Gehirn anfälliger für spontan-ne und unkoordinierte Entladungen. Diese Entladungen - und damit die epileptischen Krämpfe - treten ohne erkennbaren Grund auf, weshalb man von idiopathischer Epilepsie spricht.

Von der symptomatischen Epilepsie ist zu unterscheiden, bei der es bekannte Auslöser für die epileptischen Anfälle gibt. Dazu zählen Hirnverletzungen: In solchen Fällen kann Narbengewebe im Gehirn gebildet werden, von dem vermehrt Krampfanfälle ausgehen. Auch Durchblutungsstörungen (wie bei einem Schlaganfall) können epileptische Anfälle verursachen.

Ein Krampfanfall ist in der Regel ein plötzliches, unwillkürliches Ereignis mit krampfenden oder zuckenden Bewegungen. Je nach Art des Anfalls kann der Betroffene das Bewusstsein verlieren.

Etwa fünf Prozent der Menschen haben im Laufe ihres Lebens mindestens einen Krampfanfall. Typischerweise wird ein solcher durch eine Funktionsstörung der Nervenzellen in der Hirnrinde ausgelöst. Die normale Aufgabe einer Nervenzelle besteht darin, elektrische Signale zu erzeugen, zu empfangen und weiterzuleiten. Dies geschieht im Gehirn in geordneter Weise – millionenfach pro Sekunde.

Bei einem zerebralen Krampfanfall geht diese Ordnung verloren, sodass bestimmte Gruppen von Nervenzellen gleichzeitig entladen und ihre unkoordinierten Signale synchron weiterleiten. Dies führt dazu, dass anschließend weitere Nervenzellen „angesteckt" werden. Bildlich gesprochen lässt sich ein Krampfanfall als „Gewitter im Gehirn" bezeichnen.

Der Patient äußert: „Wie soll ich mir all das merken, was Sie mir erzählen? Konzentrieren Sie sich bitte auf das Wesentliche!"

Der Arzt beruhigt ihn: „Mein Assistent notiert, was ich sage, und hinterlässt Ihnen die Notizen. Sie können sich darauf beziehen, wenn Sie morgen mit Ihrem Hausarzt sprechen." Nach generalisierten Anfällen fühlen sich die Betroffenen oft erschöpft und benötigen Ruhe und Schlaf.

Die Tochter fragt: „Was soll ich tun, wenn sich der Krampfanfall bei meinem Vater wiederholt?"

Der Arzt antwortet: „Ein Krampfanfall ist ein akuter Zustand. Wenn Sie Zeugin eines Krampfanfalls werden, gibt es einige Erste-Hilfe-Maßnahmen, mit denen sich die Situation entschärfen lässt.

Erste Hilfe bei einem Krampfanfall:

• Bewahren Sie Ruhe - auch wenn ein Ganzkörperkrampf beängstigend wirkt.

• Entfernen Sie gefährliche Gegenstände aus der Nähe des Betroffenen, um Verletzungen zu vermeiden.

• Schützen Sie den Kopf des Betroffenen (zum Beispiel mit einem Kissen).

• Halten Sie den Betroffenen nicht fest.

• Stecken Sie ihm keine Gegenstände als Beißkeil in den Mund (z. B. Löffel) - dadurch besteht Verletzungsgefahr, und es könnte sein, dass der Patient den Gegenstand ein-atmet oder verschluckt.

- Sichern Sie die Atemwege, indem Sie den Betroffenen idealerweise in Bauch- oder stabile Seitenlage drehen.

- Rufen Sie den Notarzt, falls der Krampfanfall länger als drei Minuten dauert.

Bewusstlosigkeit.

Es ist drei Uhr nachts, und der Mond beleuchtet die Umgebung silbern. Die Stimmung ist ruhig, und es fühlt sich an, als ob die Welt für einen Moment stillsteht. Unter diesem Licht entfalten die Tomaten als Nachtschattengewächse ihre Früchte, und ihre dünnhäutigen roten Schalen leuchten.

Rolf, der den Einsatzwagen steuert, schaut auf die Uhr. Er erwartet jederzeit einen Anruf. Er und der Arzt machen einen Zwischenstopp bei einer Hamburger Kette, um einen Kaffee zu trinken, als das Telefon klingelt.

Eine ruhige Frauenstimme meldet sich: „Mein Mann ist vor zehn Minuten bewusstlos geworden. Jetzt kommt er langsam wieder zu sich." Rolf notiert Name und Adresse und sagt: „Wir sind unterwegs und sind in fünf Minuten da. Reagiert Ihr Mann, wenn Sie ihn berühren?"

Zögerlich antwortet sie: „Inzwischen ja. Vor fünf Minuten nicht."

Frau Schneiderhan erwartet den Arzt und Rolf an der Haustür. Die beiden stellen sich vor und eilen die Treppe im alten Gebäude bis zum zweiten Stock hinauf. Der alte Herr atmet schwer und sieht aus, als wäre er gerade aus dem Jenseits zurückgekehrt. Der Arzt überprüft Puls, Blutdruck und Herzschlag. Rolf öffnet den Notfallkoffer und nimmt die kleine Sauerstoffflasche heraus. Vorsorglich schließt er die Atemmaske an. Die beiden machen sich bereit für eine Herzdruckmassage. Nach fünf Minuten stabilisiert sich der Rentner.

Der Arzt erklärt dem Patienten, dass Bewusstlosigkeit entweder vorübergehend sein kann, wie bei Ohnmacht, oder länger anhalten kann. Die Ursachen dafür sind vielfältig. Eine verringerte Durchblutung des Gehirns, etwa durch einen Schlaganfall, kann eine Ursache sein.

In den meisten Fällen sind Blutdruckprobleme, Herzerkrankungen, Blutzuckerentgleisungen bei Diabetes und Schädel-Hirn-Verletzungen Auslöser für Bewusstlosigkeit. Auch Krampfanfälle, Drogen-konsum oder Kohlenmonoxid-Vergiftungen sind denkbar.

Seine Frau fragt: „Warum ist Bewusstlosigkeit gefährlich?" Der Arzt antwortet: „Eine bewusstlose Person kann schnell ersticken, da Schluck- und Hustenreflexe nicht mehr funktionieren, was das Eindringen von Blut oder Erbrochenem in die Atemwege erleichtert. Eine erschlaffte Zunge kann in den Hals zurückfallen und die Luftröhre blockieren, was die Gefahr eines Kreislaufstillstands birgt. Bei den wiederholten Messungen wurde kein Blutdruckabfall festgestellt."

Anschließend überprüft der Arzt, ob die Atemwege frei sind und der Patient ausreichend atmet. Rolf hebt das Kinn des Betroffenen an und neigt den Kopf nach hinten. Dann hält er sein Ohr an Mund und Nase des Patienten und überprüft, ob sich der Brustkorb über zehn Sekunden hebt und wieder senkt.

Rolf und der Arzt bringen den Rentner in eine stabile Seitenlage, um die Atemwege freizuhalten.

Nachdem es dem Patienten allmählich bessergeht, sagt der Arzt zur Ehefrau: „Im Falle einer erneuten Bewusstlosigkeit rufen Sie sofort den Rettungsdienst. Ihr Mann hat sich stabilisiert; es wird empfohlen, ihn morgen zum Hausarzt zu begleiten." Rolf hat alle Maßnahmen und die Daten zur Bewusstlosigkeit notiert.

Zum Schluss geht der Arzt zu den beiden Orchideen auf der Fensterbank und erklärt: „Sie sollten die vertrockneten Triebe kurz über dem dritten Hüllblatt, dem sogenannten Auge, mit einer Schere abschneiden. Mit etwas Glück treibt der Blüten-stängel zwei- bis dreimal erneut aus. In der Regel stirbt der Stängel jedoch ab!"

Ernährungszustand.

Der gesamte Tag wirkte abgenutzt. Das Wetter war unentschlossen: Es war Mitte März. Der Winter, der vor 14 Tagen von warmer Luft aus dem Süden verdrängt wurde, kehrte mit einer Kaltfront aus Sibirien zurück. Herbert, 72 Jahre alt, korpulent und von vielen Krankheiten geplagt, befand sich in einem schlechten Allgemeinzustand. Gegen 22 Uhr, als der Schweiß ihn überkam und die Lebensangst ihn ergriff, rief er den ärztlichen Notdienst an.

Rolf fragte ihn: „Sind Sie übergewichtig oder fettleibig?" Verschreckt über diese direkte Frage antwortete er zögernd: „Ja!" Rolf erwiderte entschuldigend: „Ich möchte Sie nicht diffamieren. Es geht um Fakten: Es ist wichtig zu verstehen, dass ein übergewichtiger Ernährungszustand ernsthafte Gesundheitsrisiken birgt und dass es entscheidend ist, Maßnahmen zu ergreifen, um das Gewicht zu reduzieren.

Ein gesunder Ernährungsplan, der auf Ihren individuellen Bedürfnissen basiert, sowie regelmäßige körperliche Aktivitäten können helfen, das Gewicht zu kontrollieren und das Risiko für Herz-Kreislauf-Erkrankungen zu verringern. Der Doktor und ich werden in einer Viertelstunde bei Ihnen sein. Versuchen Sie bis dahin, auf der Couch zu entspannen."

Rolf, der mit seinem Notfallrucksack auf dem Rücken den kranken Herrn besucht, klingelt an der Tür, die von einer schlanken Frau geöffnet wird: „Schön, dass Sie gekommen sind. Meinem Mann geht es schlecht. Ich sage ihm jede Woche, dass er spazieren gehen und sich ausgewogen ernähren soll."

Die beiden Helfer betreten ein Wohnzimmer, dessen Möbel durch häufiges Putzen matt und abgetragen wirken. Jonas beschwert sich über die Aussage seiner Frau: „Die geht nicht mal nach draußen, und sie isst genauso viel wie ich. Sie bleibt gertenschlank, während ich wie ein Mastschwein zunehmen!" Der Arzt stellt sich vor und scherzt: „Ihre Aussagen scheinen nicht glaubhaft. Ihre Frau geht zehnmal am Tag die sechs Treppen im Flur hinauf und hinunter. Ein guter Patient sollte ausreichend Nährstoffe, Vitamine und Mineralstoffe zu sich nehmen."

Der Arzt hebt das Gewicht des Patienten an, um zu beurteilen, ob sein Körper ausreichend mit den richtigen Nährstoffen versorgt wird. „Ein guter Allgemeinzustand (AZ) und Ernährungszustand (EZ) gewährleisten, dass der Körper des Patienten gut mit Nährstoffen und Vitaminen versorgt ist. Außerdem macht er ihn weniger anfällig für Krankheiten und ermöglicht ein aktiveres Leben. Es ist wichtig, die Ernährung und den Allgemeinzustand des Patienten regelmäßig zu überprüfen.

Der Allgemeinzustand ist ein wichtiger Bestandteil der Pflege und sollte Beachtung finden. Es geht darum, die körperliche, geistige und seelische Verfassung einer Person zu bewerten. Die Einschätzung des Allgemeinzustands ist ein zentraler Bestandteil des Pflegeprozesses. Auf diese Weise können Pflegekräfte gesundheitliche Probleme frühzeitig erkennen und entsprechende Maßnahmen ergreifen.

Hierzu gehört eine präzise Anamnese sowie eine detaillierte Untersuchung des Patienten, bei der die Vitalfunktionen, das Gewicht und die Ernährungssituation betrachtet werden. Psychische Faktoren, wie der Gemütszustand oder die Wahrnehmung, spielen ebenfalls eine bedeutende Rolle.

Alle Aspekte sind wichtig, um eine umfassende Beurteilung des Gesundheitszustands des Patienten vorzunehmen. Bei der Erfassung des Allgemeinzustands geht es darum, einen Überblick über die aktuelle Situation des Patienten oder Klienten zu gewinnen. Durch die Erfassung des Gesundheitszustands erhält man einen ersten Eindruck, der als Grundlage für die weitere Therapie dient."

Der Arzt legt sein Stethoskop nach der Untersuchung beiseite und sagt: „Es tut mir leid, Ihr Allgemeinzustand ist schlecht. Ich muss Sie ins Krankenhaus überweisen."

Dort werden die Untersuchungen aus verschiedenen Verfahren bestehen: dem Betrachten (Inspektion), Abtasten (Palpation), Abklopfen (Perkussion), Abhören mit dem Stethoskop (Auskultation) und der Funktionsprüfung der einzelnen Körper-funktionen.

Der Arzt im Krankenhaus wird Ihnen Fragen zu Ihrer Historie stellen, die für die Diagnose wichtig sind. Er wird eine körperliche Untersuchung durchführen, die normalerweise das Überprüfen der Augen, Ohren, Nase und des Halses beinhaltet. Anschließend wird der Arzt eine Verdachtsdiagnose stellen. Je nach den festgestellten Ergebnissen könnte eine weitere Untersuchung notwendig sein, wie beispielsweise eine Blutuntersuchung, ein Ultraschall oder ein Computertomogramm. Dadurch kann der Arzt eine endgültige Diagnose stellen."

Rolf ruft den Krankenwagen an und stellt die Überweisung aus. Dieser trifft schnell ein, und die Sanitäter helfen Herbert, der unter seinem schlechten Allgemeinzustand leidet, vorsichtig auf die Trage.

Sie legen ihm eine Sauerstoffmaske an und überprüfen seine Vitalwerte. Während der Fahrt informieren die Sanitäter Jonas über weitere mögliche

Untersuchungen und Maßnahmen, die ihm bevorstehen könnten.

Im Krankenhaus angekommen, wird er direkt in ein Behandlungszimmer gebracht und von einer Krankenschwester versorgt. Diese misst erneut seine Vitalwerte und informiert den diensthabenden Arzt, um eine genaue Diagnose zu stellen.

Die Geschichte von Jonas zeigt, wie wichtig es ist, frühzeitig auf den eigenen Körper zu hören und bei gesundheitlichen Beschwerden ärztlichen Rat einzuholen. Durch eine umfassende Untersuchung und eine individuell abgestimmte Behandlung kann man sowohl den Allgemeinzustand als auch den Ernährungszustand verbessern und so die Gesundheit nachhaltig fördern.

Sturz.

Es ist Sonntag. Ein Herbststurm mit Windstärke 4 sorgt dafür, dass die Bewohner von Nordrhein-Westfalen nicht spazieren gehen oder die Apfelbäume im Garten beschneiden können. Die Macher der Tagesschau sind zufrieden, wieder negative Schlagzeilen produzieren zu können. Der Oppositionsführer freut sich über die schlechten Umfrage-werte der Regierungsparteien und plant, diese weiter anzuheizen, um an die Macht zu gelangen.

Für Menschen mit Durchsetzungsvermögen ist Macht das Wichtigste im Leben.

Rolf isst einen Döner, während er in der Warteschleife mit dem diensthabenden Arzt ist. Plötzlich erhält er einen Anruf von einem Mann, der berichtet: „Seine Frau sei in der Küche ausgerutscht und auf das Gesicht gefallen. Sie blutet aus der Nase und ihr ganzes Gesicht ist geschwollen."

Rolf fragt nach Name und Adresse. Um sein Gedächtnis zu trainieren, macht er keine Notizen von

Namen, Straßen oder Hausnummern mehr. Der Arzt scherzt: „Hoffentlich landen wir nicht in der falschen Straße!" Rolf erwidert: „Mein Handy hat seine Telefonnummer gespeichert!" Als sie in das Dienstfahrzeug steigen, bemerkt der Arzt: „Falls er seine Frau verprügelt hat, müssen wir uns mit der Polizei um den Fall kümmern, anstatt uns um die Gesundung seiner Frau."

Rolf klingelt an der Tür eines ehemaligen Zechenhauses, dessen Fassade in knalligem Gelb gestrichen wurde.

Die Frau sitzt verloren auf einer mit Kunststoff bezogenen Couch und hält einen Waschlappen vor ihr Gesicht. Ihre Wunden haben aufgehört zu bluten, doch das Blut an ihren Fingern schimmert bläulich. Sie jammert. Ihr Mann gestikuliert aufgebracht: „Meine Frau ist in der Küche ausgerutscht. Hat sie etwa zu viel Bohnerwachs aufgetragen?"

Rolf fotografiert ihr Gesicht mit dem Handy und sagt: „Wunden heilen am besten, wenn sie leicht feucht gehalten werden. Eine Wundauflage auf Hydrogelbasis verhindert die Krustenbildung, ohne dass das Wundkissen mit der Wunde verklebt, wodurch die Wunde schneller abheilen und die Narbenbildung reduziert wird."

Der Arzt prüft Puls, Blutdruck und Herztöne und gibt ihr eine Tetanusspritze. Dann fragt er die Frau: „Hat Ihr Mann Sie geschlagen?" In sich gekehrt schüttelt sie den Kopf: „Nein!"

Ihr Mann wird laut: „Wie können Sie so etwas fragen? Was glauben Sie, wer ich bin? Ich werde Sie anzeigen!" Seine Frau atmet tief durch und sagt: „Er hat mich geschlagen. Er schlägt mich seit Jahren. Dieses Mal hat er übertrieben."

Ihr Mann wird nervös: „Glauben Sie ihr kein Wort, sie lügt!" Der Arzt erwidert: „Gewalt ist keine Privatsache. Ich bin verpflichtet, den Vorfall der Polizei zu melden. Alles spricht dafür, dass Sie Ihre Frau brutal geschlagen haben."

Der Mann erhebt sich drohend. Rolf, der stabiler ist als der Täter, hält ihn zurück, während der Arzt die Polizei anruft.

Was können Sie tun, wenn Sie von häuslicher Gewalt betroffen sind? Bei akuter Bedrohung sollten Sie sofort die Polizei unter 110 anrufen. Die Polizeigesetze der Bundesländer sehen verschiedene Befugnisse vor, die ergriffen werden können, darunter die Möglichkeit, den Täter aus der Wohnung zu verweisen oder ihm zu verbieten, sich Ihrem Zuhause zu nähern. Die genauen Befugnisse richten sich nach dem Polizeirecht des jeweiligen Bundeslandes und werden unterschiedlich bezeichnet, z. B. als Wohnungsverweis.

Die eintreffende Polizei verhaftet den Ehemann, sammelt Beweise und dokumentiert die Aussagen des Arztes und von Rolf.

Die Ehefrau zieht vorübergehend ins Frauenhaus und später zu ihrer Schwester in die Nachbarstadt. Dort findet sie Arbeit in einer Filiale und schließt sich einer Selbsthilfegruppe an.

Ermüdungsbruch.

Als Rolf am Sonntagmorgen zur Arbeit fährt, rechnet er mit einem stressigen Tag. Er weiß, dass die freien Tage viele Menschen krankmachen. Es ist jedoch nicht die Freizeit selbst, die Krankheiten auslöst, sondern die Anspannung davor. Wenn wir unter Stress stehen – etwa, weil wir eine Prüfung oder Präsentation vorbereiten müssen oder ständig zwischen Job und Familie wechseln –, arbeitet unser Körper im Boost-Modus.

Seit 9 Uhr ist Rolf jeden zweiten Sonntag im Monat mit dem diensthabenden Arzt des Notdienstes stündlich im Einsatz. In der kalten Jahreszeit plagen sich viele Kinder und Senioren mit der Grippe herum.

Der Arzt und Rolf fahren zu einem älteren Herrn, der an einem Ermüdungsbruch leidet.

Nach der Begrüßung sagt der Arzt zu ihm: „Um einen Ermüdungsbruch in Zukunft zu vermeiden, sollten Sie sich langsam und kontinuierlich an Belastungen gewöhnen und Ihr Trainingspensum schrittweise steigern. Achten Sie auf die Signale Ihres Körpers und legen Sie bei Schmerzen oder Überlastungsgefühlen eine Pause ein. Eine ausgewogene Kombination aus Belastung und Erholung ist entscheidend, um eine Überlastung der Knochen zu vermeiden.

Außerdem sollten Sie auf eine ausgewogene Ernährung achten, die den Knochen-stoffwechsel unterstützt und ausreichend Calcium sowie Vitamin D enthält. Neben der Vorbeugung spielen auch die richtigen Schuhe eine wichtige Rolle. Beim Laufsport sollten Sie auf gut gedämpfte Schuhe achten, die den Fuß gut stützen und die Belastung auf die Knochen reduzieren.

Eine falsche Lauftechnik kann ebenfalls zu Überlastungen führen, daher kann es sinnvoll sein, sich von einem Experten beraten zu lassen, um die richtige Technik zu erlernen. Im Falle eines Ermüdungsbruchs ist es wichtig, die Ursache der Überlastung zu identifizieren und zu vermeiden."

Seine Frau sagt: „Egon, hör gut zu! Ich sage dir seit Jahren, dass du dich mehr bewegen und nicht den ganzen Tag auf der Couch verbringen sollst!"

Rolf nickt und der Arzt erzählt weiter: „Der Heilungsprozess erfordert eine Schonung des betroffenen Körperteils und kann, je nach Schweregrad des Bruchs und individuellen Faktoren, mehrere Wochen in Anspruch nehmen.

Während der Ruhephase können physiotherapeutische Maßnahmen, wie gezielte Übungen zur Stärkung der Muskulatur und Stabilisierung der Knochen, helfen. In einigen Fällen kann eine Operation erforderlich sein, um den Bruch zu stabilisieren und die Heilung zu unterstützen. Dies ist jedoch eher selten der Fall und wird in der Regel nur bei komplizierten Brüchen oder Schäden an den Gelenken in Betracht gezogen."

Der Patient hält sich die Ohren wie ein Kind zu. „Das ist ein bisschen viel, was Sie mir auf einmal erzählen!"

Rolf erwidert: „Ich schreibe alles für Sie auf, was der Arzt sagt, damit Sie seine Empfehlungen umsetzen können!"

Während der Arzt langsam weiterredet, nickt der Patient.

„Eine konsequente Nachbehandlung und Rehabilitation sind ebenfalls wichtig, um die volle Funktionsfähigkeit des betroffenen Körperteils wiederherzustellen.

Dies kann Physiotherapie, gezieltes Muskeltraining und eine schrittweise Wiederbelastung umfassen, um die Knochen langsam an die Belastung zu gewöhnen. Regelmäßige Kontrolluntersuchungen bei einem Facharzt sind ratsam, um den Heilungsprozess zu überwachen und mögliche Komplikationen frühzeitig zu erkennen. Eine enge Zusammenarbeit mit einem erfahrenen Mediziner ist entscheidend für eine optimale Behandlung und Rehabilitation."

Diabetes Fuß.

Das Universum zeigt sich gleichgültig gegenüber den Ereignissen auf der Erde. Jedes Schicksal und die Zerstörung des Planeten sind ihm egal. Menschen hingegen haben in der medizinischen und waffentechnischen Forschung Erfolge erzielt. Sie nutzen Bomben, um ihre Gegner zu tötet oder schwer zu verletzen und setzen ihre Medizin ein, um die Verletzten zu retten. Ein schizophreneres Verhalten könnte es kaum geben.

Rolf ist mit der diensthabenden Ärztin zu einem korpulenten Stammkunden unterwegs, der unter mehreren Krankheiten leidet. Eine halbe Stunde später stehen sie vor einem rot verklinkerten Anwesen, in dem die meisten Einsätze stattfinden. Rolf kennt mittlerweile viele Stammkunden in diesem Wohnkomplex und schafft es manchmal, von ihnen ein Lächeln zu erhaschen.

Da ist der alte Mann mit seinen beiden Hunden, die sich nach ihrem Herrchen richten. Sie bellen nicht, sondern schleichen umher, anstatt zu laufen, und leben sparsam von der Tafel, wie ihr Besitzer.

Wald nach Feuerausbruch

Die Ärztin begrüßt den alten Mann freundlich und fragt: „Wo tut es Ihnen heute weh?" Er zeigt auf seinen dicken Zeh am rechten Fuß und verzieht das Gesicht. Ohne den Zeh anzufassen, erklärt sie: „Sie haben wahrscheinlich einen diabetischen Fuß. Ein unbehandelter oder schlecht eingestellter Diabetes mellitus kann zu einem diabetischen Fuß – auch bekannt als diabetisches Fußsyndrom – führen. Erste Warnzeichen sind trockene Füße und vermehrte Hornhautbildung. Im Laufe der Zeit können offene Wunden am Fuß oder an den Zehen entstehen, die nicht richtig heilen. Etwa 20 bis 30 Prozent der Diabetespatienten entwickeln im Laufe ihres Lebens einen diabetischen Fuß."

Herr Lehmann erwidert: „Ich gehe jeden Tag mit meinen Hunden spazieren, und Süßigkeiten, vor allem Kuchen, kann ich mir nicht leisten! Das ist alles so teuer geworden!"

Die Ärztin lächelt und sagt: „Das Spazierengehen sollten Sie beibehalten! Eine gute Diabetesbehandlung und sorgfältige Fußpflege können die Bildung chronischer Wunden an den Füßen verhindern. Ärzte, Angehörige, Pflegekräfte oder regelmäßige gezielte Therapien können dabei helfen. Bei Nervenschäden können folgende Fußbeschwerden auftreten: Unempfindlichkeit gegenüber Schmerzen, Druck, Kälte und Wärme; Taubheitsgefühle; Kribbeln; sehr trockene und warme Haut; schlecht heilende Wunden, meist an der

Fußsohle. Bei Gefäßschäden sind typische Symptome kalte Füße, blasse oder bläuliche Haut, kaum spürbarer Puls, offene Wunden, meist an den Zehen oder der Ferse, und Schmerzen in den Waden beim Gehen.‟

Der Rentner nickt: „Ich bin seit zwei Jahren wegen meines hohen Zuckers in Behandlung! Seitdem habe ich das Rauchen und Trinken eingestellt. Trotzdem bleibt mein hoher Blutdruck bestehen.‟ Rolf tippt auf seinem Laptop alles auf, was ihm die Ärztin erklärt.

„Wie entsteht ein diabetischer Fuß? Menschen mit Diabetes haben zu hohe Blutzuckerwerte. Wenn der Blutzuckerspiegel dauerhaft erhöht ist, kommt es zu Schäden an den Nerven und den Gefäßen. Durch Nervenschäden kann das Schmerzempfindung-den teilweise verloren gehen, wodurch Druckstellen und kleine Verletzungen an den Füßen unter Umständen nicht mehr wahrgenommen werden. Fußverletzungen können durch zu enge Schuhe, Hornhautschwielen und Fußfehlstellungen entstehen. Gefäßschäden führen zu einer schlechteren Durchblutung der Füße, wodurch Wunden langsam heilen.

Es ist wichtig, einen diabetischen Fuß frühzeitig zu erkennen und zu behandeln. Geschieht dies nicht, kann eine chronische Wunde entstehen, insbesondere an den Zehen, der Fußsohle, der Ferse oder den Knöcheln. Solche Wunden können tief werden und sich entzünden. Schwarze Stellen in der Wunde deuten auf abgestorbenes Gewebe hin. In schweren Fällen kann eine Amputation des betroffenen Zehs oder eines Teils des Fußes erforderlich werden."

Die Ärztin sagt eindringlich zum Patienten: „Es ist wichtig zu wissen, dass bei einer Nervenschädigung möglicherweise kaum oder keine Schmerzen empfunden werden. Das birgt die Gefahr, dass Wunden oder Verletzungen unterschätzt und nicht angemessen behandelt oder entlastet werden. Wie kann man Fußschäden vorbeugen? Menschen mit Diabetes können einiges für gesunde Füße tun. Ein gut eingestellter Blutzucker ist sehr wichtig, ebenso wie gut passende Schuhe, das Vermeiden von Verletzungen, kein barfuß Laufen, tägliche Fußpflege und regelmäßige ärztliche Kontrollen. Auch die stetige Behandlung hoher Blutfettwerte und hohen Blutdrucks sowie das Nichtrauchen sind entscheidend. Druckstellen und Verletzungen an den Füßen können durch Schuhe mit ausreichend Platz, weichem Fußbett, ohne scheuernde Nähte oder Riemchen, orthopädische Maßschuhe und angepasste Einlagen vermieden werden.

Nutzen Sie Reparaturen oder den Austausch abgenutzter Schuhe und achten Sie darauf, Ihre Schuhe vor dem Tragen auf Fremdkörper zu überprüfen.“

Der Erkrankte protestiert: „Wie soll ich das alles bezahlen? Das Sozialamt zahlt dafür nicht!“

Die Ärztin antwortet: „Ich schreibe Ihnen mehrere Rezepte mit dem Vermerk ‚dringlich‘ auf. Falls es schwierig ist, Fußprobleme selbst zu erkennen, ist es wichtig, die Füße regelmäßig ärztlich oder bei der medizinischen Fußpflege untersuchen zu lassen. Auch Angehörige oder Pflegekräfte können die Füße regelmäßig überprüfen und auf Verletzungen und Druckstellen untersuchen."

Sie überprüft die Haut, die Temperatur des Fußes, die Durchblutung und testet die Empfindlichkeit.

Wie wird ein diabetischer Fuß diagnostiziert? Um festzustellen, ob ein diabetischer Fuß entstanden ist, untersucht der Arzt die Haut, überprüft die Temperatur des Fußes, prüft die Durchblutung und testet die Empfindlichkeit der Nerven sowie auf Wunden und Druckstellen. Der Patient wird ins Krankenhaus überwiesen. Dort werden bildgebende Verfahren wie Röntgen, CT oder MRT eingesetzt, um mögliche Knochenschäden festzustellen.

Wie behandelt man einen diabetischen Fuß? Eine rechtzeitige Wundbehandlung ist wichtig, um schwere Gewebeschädigungen zu vermeiden. Chronische Wunden können vermieden und das Amputationsrisiko verringert werden. Wunden müssen entlastet und Entzündungen behandelt werden. Auch eine Verbesserung der Durchblutung im Bein ist wichtig. Liegt eine Durchblutungsstörung vor, kann diese durch einen operativen

Eingriff wie eine Gefäßerweiterung oder einen Bypass behoben werden.

Die Heilungsdauer hängt von der Größe und Tiefe der Wunde ab: Bei kleinen Wunden sind es wenige Wochen, bei größeren oder tieferen Wunden kann die Heilung Monate dauern. Eine Haut- oder Gewebetransplantation kann ebenfalls den Heilungsprozess unterstützen. „Es tut mir leid. Sie könnten eine Thrombose bekommen, daher ist eine Behandlung im Krankenhaus unvermeidlich. Es wird Ihnen helfen. Im Krankenhaus werden Ihre Blutzuckerwerte eingestellt!"

Rolf ruft das Tierheim an, um sicherzustellen, dass die Hunde bis zur Rückkehr ihres Besitzers gut versorgt sind.

Psychiatrische Krise.

An einem Tag, an dem der Wind die Wolken und den Nieselregen vor sich herschiebt, schleppt sich Romans Verfassung, die zwischen Hoffnung und Verzweiflung pendelt, mit schwerem Schritt dahin.

Psychische Krisen können jeden Menschen treffen – unabhängig von Alter, Bildung, Beruf, Herkunft und sozialem Status. Eine Krise kann durch kurzfristige Belastungen wie Schockreaktionen oder durch langanhaltende Stresssituationen verursacht werden. Ursachen können Verlusterlebnisse, traumatische Ereignisse, psychosoziale Konflikte, lebensverändernde Umstände oder psychische Erkrankungen wie Psychosen, Depressionen oder Angststörungen sein. Menschen mit bereits bestehenden psychischen Erkrankungen sind anfälliger für Krisen.

Eine akute Krise geht oft mit dem Verlust des inneren Gleichgewichts, unkontrollierbaren Gefühlen wie Angst, Wut, Hoffnungslosigkeit, Einsamkeit oder Trauer einher. Zu den Symptomen zählen Anspannung, Angst, Aggressivität, Verwirrtheit oder Wahrnehmungsstörungen. Vor allem kommt die Frage auf: Wo liegt der Sinn des Lebens? Täglich eine sinnlose Tätigkeit auszuüben und mit einem alten, gebrechlichen Körper dahinzudämmern, wird oft als misslungene Existenz wahrgenommen.

In dieser ausweglosen Situation ruft der erkrankte Max Seron den ärztlichen Notdienst an. Der zuständige Rolf notiert Name und Anschrift und fährt mit dem diensthabenden Psychiater zum Anrufer.

Die kleine Wohnung wirkt bedrückend und ist in einem düsteren Grau gehalten, die Wände schmückt eine Vielzahl eingerahmter, leidender Gesichter.

Der Psychiater begrüßt ihn freundlich und fragt nach seinem Beruf. Max erklärt: „Ich bin stellvertretender Filialleiter einer Discounterkette und habe in den letzten Monaten viel über den Sinn des Lebens nachgedacht." Der Psychiater schlägt vor, die Wohnung gemeinsam mit seiner neuen Freundin neu zu gestalten.

Psychische Notfälle erfordern sofortige Hilfe. Besteht die Gefahr eines Zusammenbruchs, sollte professionelle Unterstützung in Anspruch genommen werden. In schwerwiegenden Fällen kann der Notarzt gerufen werden, um eine Behandlung in einer psychiatrischen Klinik einzuleiten.

Nicht jede Krise erfordert professionelle Hilfe. Viele Menschen können mit Unterstützung von Freunden oder Vertrauten bewältigt werden. In schweren Krisen hingegen können Entspannungsübungen kontraproduktiv sein.

In einer Welt voller Druck, Erwartungen und Enttäuschungen gibt es viele Strategien, um innere Unruhe zu bewältigen. Diese Ansätze gehen über alltägliche Beziehungen hinaus und können die Unterstützung von Fachleuten sinnvoll ergänzen.

Psychotherapie, insbesondere die kognitive Verhaltenstherapie (CBT), bietet hilfreiche Werkzeuge, um Stressoren zu erkennen und effektive Bewältigungsstrategien zu entwickeln. Dieser Prozess kann herausfordernd, aber sehr lohnend sein.

Achtsamkeit und Meditation helfen uns, im Moment zu leben und Ablenkungen hinter uns zu lassen. Durch regelmäßige Praxis lernen wir, unseren Geist zu beruhigen und Stress abzubauen.

Körperliche Aktivität spielt ebenfalls eine wichtige Rolle. Sport und Bewegung heben die Stimmung und fördern das allgemeine Wohlbefinden, indem sie den Geist klären.

Entspannungstechniken wie progressive Muskelentspannung, Atemübungen und Yoga helfen, angesammelte Spannungen im Körper zu lösen. Diese Methoden wirken beruhigend und ausgleichend.

Die Ernährung sollte nicht vernachlässigt werden. Eine ausgewogene Kost kann sowohl die körperliche Gesundheit als auch die Stimmung beeinflussen. Ein Ernährungsberater kann uns dabei unterstützen, gesunde Entscheidungen zu treffen.

Gute Schlafgewohnheiten sind ebenfalls entscheidend.